인생의 지혜

SOPHIAS GEHEIMNIS

삶의 끝자락에서 전하는 5가지 깨달음

인생의 지혜

카차 크루케베르그 지음 · 이지윤 옮김

BOOK PLAZA

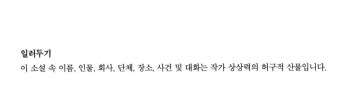

이것은 소피아와 레오나르도와 바바라의 이야기로, 그들의 관점과 시간에서 바라본 인생을 다룬다.

이 소설 속 인물의 성별은 서술의 편의를 위해 남성과 여성으로 구분했을 뿐, 특정 성별을 지칭하려는 의도는 없다. 이 이야기는 그 누구도 배제하지 않는다. 오히려 누구나 이 책 안에서 자기만의 이야기를 발견하고 쓰게 되기를 진심으로 바란다.

그리고 내 아이들 욜란다와 율리안에게.
애들아, 사랑이 답이다.

"이토록 멋진 삶이 내 것이라니!
일찍이 알았더라면 더 좋았을 것을!"

시도니 가브리엘 콜레트 S. Gabrielle C. Colette

목차

1장
짧은 만남

"인생의 갈림길에는 이정표가 없다."

찰스 스펜서 채플린 Charles Spencer Chaplin

혹시, 뒤를 돌아보면 길이 보일까? 그냥 가던 길을 터벅터벅 걸어가야 할까? 소피아는 스치듯 본 거울에서 땋은 머리카락이 다 헝클어진 자신을 발견했다. 하지만 걸음을 멈추고 곰곰이 들여다볼 겨를은 없었다. 그녀는 갸름한 얼굴에 호기심 가득한 눈, 마스카라가 살짝 번진 광대, 그리고 붉은 립스틱을 칠한 예쁜 입술을 하나씩 뜯어보는 대신, 얼른 거울에서 눈길을 거두었다.

샌프란시스코에 온 지 닷새 만에, 그녀는 베를린으로 돌아가는 비행기를 놓치지 않으려 종종걸음 치는 중이었다.

몸과 마음이 다 지쳐서 머리가 제대로 돌아가지 않았다. 눈은 전광판의 출발 일정에 머물러 있는데, 뇌는 정보를 처리하지 못했다. 시드니행, 라스트 콜, 부에노스아이레스행, 탑승 중, 홍콩행, 탑승 예정, 암스테르담행, 탑승 마감. 지금이라도 정신을 똑바로 차리지 않으면 비행기를 놓칠 수도 있었다.

순간 곁에서 낮은 목소리가 들려왔다. "제가 좀 도와드려도…"

소피아는 고개를 돌려 토끼 눈으로 그를 쳐다보았다. 눈치채지 못한 새, 점잖게 생긴 노인이 곁에 다가와 있었다. 어쩐지 낯설지가 않았다.

"죄송해요, 뭐라고 하셨죠?" 그녀는 잠시 망설이다 입을 열었다.

노인은 조용히 웃었다. 매력적인 미소였다.

"무언가를 찾고 있는 것처럼 보여서요. 제가 도움이 될 수 있을 것 같습니다만." 그가 예의 바르게 말했다.

"정말 친절하시네요. 베를린행 게이트를 찾고 있어요. 출발 시간이 얼마 남지 않았는데…" 그녀는 어찌할 바를 모르겠다는 듯 두 손을 들어 보였다.

"그 비행기를 타려는 게 확실합니까?" 노인이 미소를 머금은 채 물었다.

소피아는 뭔가 이상하다는 생각도 없이 그 질문을 곱씹었다. 엉망진창으로 어질러 놓고 떠나온 베를린 집을 떠올리니 한숨이 절로 나왔다. 슬픈 장면도 하나 떠올랐다. 하지만 곧장 정신을 차렸다.

"네, 확실해요! 5분 안에 이륙할 예정이에요."

그녀는 백발노인에게 의심의 눈빛을 던졌다. 그는 방금 전보다 훨씬 늙어 보였다. 오른손을 가슴에 얹은 채, 거칠게 숨을 몰아쉬고 있었다.

"괜찮으세요?"

"네… 네. 저쪽 보안 검색대 너머로 가 보세요. 100미터쯤 가서 왼쪽으로 꺾으면 세관 바로 뒤에 게이트가 보일 겁니다. 아직은 공항이 붐빌 시간이 아니에요. 그러니 서두르면 비행기를 탈 수 있어요!"

소피아가 크게 한숨을 내쉬었다.

"정말 감사합니다! 정말 친절하세요."

"별말씀을." 노인은 눈을 찡긋하고선 마치 무언가 더 할 말이 남은 사람처럼 입을 뻐끔거렸다. 그리고 잠시 멈칫하다가 나지막한 목소리로 덧붙였다.

"실은 당신에게 줄 편지가 있어요. 이상한 소리로 들린다는 거 잘 압니다. 오늘 당신의 강연을 들었어요. 당신의 홈페이지와 책들도 읽었지요. 이 편지도 어떤 책에 관한 거예요. 아주 특별한 책이죠."

그는 잠시 말을 멈추고 소피아의 반응을 살핀 다음 하던 말을 계속했다.

"저는 큰 실수를 저질렀고, 그 이후로 많은 시간을 허비했습니다. 너무 많은 시간이었죠. 이제는 너무 늦은 게 아닌가 싶기도 해요."

말을 마친 노인은 힘이 다 빠진 것처럼 보였다. 소피아는 그가 적당한 단어를 찾는 데 어려움을 겪고 있다는 걸 눈치챘다. 하지만 그가 무슨 말을 하든 그녀가 해 줄 수 있는 일은 없었다. 첫인상은 마음에 들었지만, 예고도 없이 훅 들어오는 접근 방식은 불쾌했다.

노인도 그녀가 언짢아하는 것을 눈치챈 것 같았다. 그는 자세를 바로 고치더니 그녀를 향해 다정하게 웃었다.

"지금 당장 제 말을 받아들이긴 어렵겠지요. 저도 잘 압니다. 그럴 수밖에 없어요. 하지만 편지를 읽고 나면 모든 게 분명해질 겁니다."

소피아는 뭐라고 해야 할지를 몰랐다. 시간이 없었다. 비행기를 놓치지 않으려면 지금이라도 게이트로 달려가야 했다. 편지를 받을 것인가, 말 것인가. 대규모 행사에서 강연이나 사회를 맡으면 행사가 끝나고 으레 그녀에게 찬사를 보내며 다가오는 사람들이 있었다. 그중에는 그녀처럼 공항이나 기차역으로 곧장 오는 사람들도 있었으므로, 별로 유명하진 않았지만 사람들이 알아보는 일에는 익숙했다. 그런데도 그녀는 어쩐지 나이 든 남자의 얼굴을 다시 한번 바라보게 되었다. 툭 튀어나온 광대와 한때는 두툼했을 입술, 약간 휘었으나 날렵한 콧대 덕분에 남성적인 인상이 도드라지는 얼굴이었다. 소피아는 그리스 조각상을 떠올렸다. 젊었을 때 미남이라는 소릴 많이 들었을 법하다. 다정하면서도 점잖은 분위기마저 풍겼다. 심리학자로 잔뼈가 굵은 그녀는 몇 초 안에 사람을 평가하는 데엔 선수였다. 그녀 눈에 지금 자기 앞에 선 이 예의 바른 노인은 말 그대로 좋은 사람 같아 보였다.

"이 편지를 회의장에서 주고 싶었어요. 하지만 강연이 끝나고 아니켄이라는 직원에게 물었더니, 당신은 이미 공항으로 떠났다더군요. 그녀가 전화를 걸었지만 그것도 받지 않았어요. 그래서 나는 허탕 칠 각오를 하고 당신을 만나기 위해 공항으로 온 거예요. 루프트한자 창구 주변을 서성이며 당신을 기다렸지요."

말을 마친 그는 오른손에 들고 있던 봉투를 내밀었다. "이 편지가 모든 걸 설명해 줄 겁니다! 읽기에 어렵진 않을 거예요. 내 장담하지요."

잠시 소피아는 아무 반응을 하지 못했다. 마치 기습당한 기분이었다. 그녀는 손목시계를 힐끗 보았다.

그리고 그 순간의 충동을 따라 손을 내밀어 편지를 받았다.

"당신의 마음을 따르세요." 노인이 웃었다. "그리고 베를린으로 가야겠거든, 그렇게 하세요."

소피아는 마침내 손에 든 편지를 가져가기로 결심했다. "감사합니다. 그런데 성함을 여쭈어도 될까요?"

"레오나르도. 존 레오나르도입니다."

"저는 소피아입니다." 그녀에겐 이 모든 상황이 수수께끼처럼 느껴졌다.

"알고 있습니다!" 노인이 다시 한번 웃으며 덧붙였다. "소피아, 인생의 시간을 최대한 활용하세요! 감사합니다, 안전한 여행 되시길."

마지막 말에 정신을 차린 소피아는 급히 세관 쪽으로 뛰어갔다.

그로부터 45분 후, 그녀는 비행기 좌석에 편안히 앉은 채 와인색 핸드백에서 봉투를 꺼내 편지를 읽기 시작했다. 그때부터 그녀의 인생은 서서히, 하지만 분명히 변해 갔다.

레오나르도의 첫 번째 편지
쓰지 못한 책

"우리가 결정해야 할 것은 우리에게 주어진
시간으로 무엇을 시작할 것인가 뿐이다."

J.R.R 톨킨 Tolkien

친애하는 소피아,

조만간 당신 손에 이 편지가 들린다고 생각하니 그간 없
었던 기운이 샘솟는 것 같습니다. 내 아내 바바라가 비극적
인 사고로 생을 마감한 지 일 년이 훌쩍 넘도록 아무 기력
도 없었어요. 나는 이 편지와 이후 이어질 편지들이 당신의
인생과 생각, 감정과 결정에 긍정적인 영향을 미치리라 확
신합니다. 주제넘게 들릴지도 모른다는 걸 알아요. 하지만
다른 표현을 찾지 못하겠군요.

만약 내 편지가 당신의 호기심을 자극한다면, 그래서 당

신 마음에 영감을 불러일으킨다면 저의 가장 큰 희망은 당신 안에서 그 효과가 오래 지속되는 것입니다. 많은 청중 앞에서 편지의 내용을 전하는 당신의 모습이 머릿속에 그려집니다. 당신을 통해 더 많은 이들이 유익을 누리는 상황 말이에요. 당신에게 쓸데없이 부담을 주려는 것은 아닙니다. 이 편지 덕분에 땅에서 허락된 한정된 시간을 좀 더 가치 있게 보내게 될 단 한 사람이 바로 당신, 소피아라면 그것만으로도 나는 만족합니다.

무엇보다 나는 이 범상치 않은 글을 처음으로 읽는 당신의 기분이 궁금합니다. 아마 당신을 태운 베를린행 비행기는 지금쯤 대서양을 건너고 있겠지요. 내가 당신이라면 이 상황을 어떻게 받아들일까요? 한편으로는 흥미로울 것 같습니다. '이게 다 무슨 뜻이지? 중요한 의미가 숨겨진 이야기일까?' 다른 한편으로는 이렇게 생각할 수도 있을 것 같아요. '이 낯선 노인네는 도대체 자기가 뭐라고 이런 말을 하는 거지? 갑자기 내 인생에 나타나서 무슨 영향을 주겠다는 거야?'

아마 일면식도 없는 사람이 보낸 편지가 당신을 당혹스럽게 했을지도 모르겠습니다. 그렇다면 정중히 용서를 구할게요. 짧은 시간 안에 당신에게 다가갈 방법이 내겐 이것밖에 떠오르지 않았습니다.

지금이라도 예의를 갖춰서 잠시 내 소개를 하겠습니다. 나는 레오나르도, 존 레오나르도라고 합니다. 반은 이탈리아인이고 반은 독일계 미국인으로, 뉴욕 출신 은행가입니다. 그리고 인생에서 적지 않은 시간 동안 아내와 함께 전 세계를 돌아다니며, 건강하고 행복하며 의미 있는 인생의 '비밀 레시피'를 찾고자 했습니다. 언뜻 허황되게 들리겠지요. 하지만 이 부분은 이어질 편지에서 자세히 설명하겠습니다.

지금 당장은 이 정도 언급으로 만족해 주길 바랍니다. 왜냐하면 내겐 문자 그대로 시간이 부족하기 때문이에요. 흘러가는 시간이 나를 재촉합니다. 나는 지금 빚더미, 그러니까 감정의 빚더미에 올랐고, 내 몸은 시들어가는 중이에요. 아내는 더 이상 내 곁에 없고, 나는 못다 이룬 아내의 사명을 완수하는 일에 도움을 주리라 짐작되는 사람에게 도움을 구해야 할 처지입니다. 혼자서는 그 일을 해낼 기력도, 시간도 없기 때문이죠. 그 모든 난관에도 불구하고 나는 그 사람이 바로 당신, 소피아라고 생각합니다.

이 편지를 어떻게 써야 좋을지를 두고 오랫동안 고민했어요. 흔히 모든 길은 로마로 통한다고 하죠. 혹은 바바라와 내가 아시아에서 만난 스님은 이렇게 말하더군요. "산에 오르는 길은 백 가지이나, 꼭대기에서 보이는 풍경은 한 가지

다." 그러니 배경 설명부터 시작해야 할 것 같습니다. 내가 하는 이야기를 조금씩 알아듣게 될 터이니, 나를 믿고 따라와 주세요.

나는 화재로 아내를 잃었습니다. 우리 부부가 사랑했던 일본식 다실茶室은 잿더미가 되었고, 책을 쓰려고 수십 년간 수집해 온 자료도 사라졌죠. 나는 완전한 절망에 빠졌습니다. 슬픔과 비참함이 뒤섞인 파괴적인 감정의 구렁텅이에서 빠져나올 수가 없었어요. 세상에서 완전히 물러나 내면이 마비된 상태로 몇 달을 살았어요. 그런 내 모습을 아내가 본다면 별로 기뻐하지 않을 것을 알면서도 어쩔 수가 없었어요. 내 삶이 거기서 멈춘 것 같았지요. 나 자신과 삶에 대한 그 어떠한 믿음도 남지 않았어요. 몸과 영혼이 쇠약하고 병들었다고 느꼈습니다. 바바라가 무얼 바라든, 그 상태를 바꿀 힘이 내게 있는 것 같지 않았어요. 그 상태에서 몸과 영혼이, 그리고 감정이 서서히 깨어나기까지는 몇 달이 걸렸습니다. 그리고 마침내 정신을 차렸을 때는 내가 얼마나 많은 시간을 허비했는지 깨달았어요. 그 즉시 죄책감에 사로잡혀서 다시 한번 마비 상태에 빠질 뻔했죠.

하지만 나는 또다시 그렇게 될 수는 없다는 걸 알았고, 남은 의지와 정신력을 총동원하여 내 인생 마지막 임무가 무엇인지 알아내려 애썼습니다. 일단 바바라를 되살릴 수 없다는 사실을 받아들였어요. 아마 그렇게 세상과 작별하는 것이 정해진 운명이었다면, 그녀 또한 순응했을 거라고 생각했죠. 그러니 내게 남은 선택지는 두 개였어요.

첫째, 건축가를 찾아 바바라가 너무나 사랑했고 소중하게 여겼던 다실을 복구한다. 하지만 나는 그런 걸로는 아무것도 되돌릴 수 없고, 바바라가 원하는 것도 그게 아닐 거라는 사실을 직감적으로 알았어요.

둘째, 전력을 다해 우리 부부의 일생일대 작업을 복구한다. 즉, 바바라가 《성공한 인생의 비밀 레시피》라고 가제를 붙인 책을 다시, 혹은 새로운 형식으로 쓸 수 있는 길을 찾는다.

두 번째 선택지를 떠올린 순간, 내 머릿속엔 "이거야!" 하는 말풍선이 떠올랐어요. 바바라 또한 내게 그 이상의 것을 바라지 않을 거란 확신이 들었죠. 나는 그 즉시 새롭게 얻은 확신을 따라 작업에 착수하려고 했습니다. 그런데 얄궂게도 바로 그날 가슴에서 찌르는 듯한 통증을 느꼈어요. 전조 증상을 알고서도 방치했더니 병이 깊어진 것이었죠. 심장 전문의는 내 심장이 오래 버티지 못할 거란 진단을 내렸어요. 사실 내 연배에 뒤늦게 찾아온 심부전증은 특이한 병이 아니에요. 나는 약으로 생명을 연장하는 것 이상의 치료를 기대할 수 없다는 통보를 받았습니다. 회복될 가망은 희박했어요. 나는 바바라에게 미안한 마음을 품은 채 곧 세상을 뜨게 될 거란 짐작으로 낙심했지요.

하지만 인생은 보이는 대로 흘러가지만은 않더군요. 다시금 주저앉으려 할 때 내 문제의 해결책이 될 수도 있는 첫 번째 실마리를 찾았어요. 아니, 그 단서가 나를 찾아왔다고 하는 편이 맞겠네요. 바바라는 모든 사건은 저마다 정해진 이유에 따라 일어난다고 말하곤 했는데, 그 말이 옳았어요. 나는 병원에서 추천받은 약을 알아보느라 한 제약사의 웹사이트를 찾아보던 중, 커다란 광고 배너를 보게 되었습니다. 내가 사는 곳에서 멀지 않은 샌프란시스코 공항에서 '건강과 리더십 강연회'가 열린다는 광고였어요. 그리고 배너 속 한 여성의 사진에 시선이 머무는 순간 내겐 알 수 없는 감정이 밀려왔고, 가슴이 쿵쾅대기 시작했습니다. 나는 경외감에 가까운 감정에 사로잡혀 불과 몇 시간 전에 우연히 찾아낸 회중시계를 확인했지요. 그리고 하늘을 올려다보았어요. 그곳에서 바바라가 이 일을 거들고 있다는 확신이 들었거든요. 눈물이 양 볼을 타고 흘러내렸습니다. 소피아, 나는 원래 잘 우는 사람이 아니에요. 믿어주세요.

사진 속 여성이 누구인지는 굳이 설명하지 않아도 되겠지요. 잠시 후 나는 당신이 심리학자이자 컨설턴트이자 강연자이며, 또한 국제적 명성을 누리는 작가라는 사실을 알게 되었습니다. 당신이 베를린에 산다는 것도요! 내 가슴은 다시 설렘으로 뛰기 시작했어요. 베를린이라니, 믿을 수가 없었어요. 나는 책상 위에 놓아둔 회중시계를 만지작거리면서 거기에 새겨진 문구를 몇 번이고 읽었습니다.

"잃어버린 시간은 결코 되찾을 수 없다Lost time is never found again."

그간 우울하게만 들렸던 이 말이 돌연 낙관적으로 느껴졌습니다. 마음속에 희망이 들어차는 게 느껴졌지요. 절박한 마음으로 나는 당신의 홈페이지를 뒤져서 주소를 저장했어요. 물론 당신에게 연락을 취하도록 나를 이끄는 것이 정말 운명인지는 확신할 수 없었습니다. 하지만 내 직감은 '당신이' 나를 도와줄 사람이라고, 이 프로젝트를 올바른 방향으로 끌고 갈 적임자라고 말하고 있었죠. 이제 와 고백하지만, 과연 당신이 이 일에 관심을 보일 것인가를 고민할 겨를은 미처 없었습니다.

이제는 내 바람대로 당신이 편지를 받아주었으니, 더는 그 고민을 미룰 수 없을 것 같아요. 먼저 정중하게 이 독특한 상황에 양해를 구합니다. 그리고 어떤 대답을 듣더라도 그것을 존중하겠노라는 마음으로 당신에게 묻습니다. 소피아, 혹시 나를 도와줄 수 있을까요? 바바라의 책을 새롭게 집필하여 출판해 줄 수 있나요? 만약 당신이 도와준다면, 우리의 경험과 바바라의 지혜로 많은 이들이 건강하고 유익하며 행복한 삶을 누릴 수 있도록 그들에게 영감을 제공할 수 있을 겁니다.

물론 지금 당장 답하지 않아도 괜찮아요. 소피아, 시간은 당신 편이에요. 나는 당신 외에 다른 사람을 알아볼 필요가 없습니다. 비록 은행가로서 나는 사람들에게 위험은 골고루 분산하라고 조언해 왔지만, 이번만큼은 '올인'을 외치는 도박꾼이 되려고 해요. 삶의 어떤 대목에서는 일반적인 성공의 규칙과는 정반대되는 행동을 해야 할 때도 있는 법이거든요. 내겐 결혼이 그런 것이었습니다. 나는 내 모든 신뢰와 에너지와 인내심을 단 한 사람에게 올인했어요. 한눈을 판 적은 없었어요. 그리고 이번에도 그렇게 해야 하리라는 기분이 들어요. 물론 결혼과는 전혀 다른 상황이지만 그래도 나는 당신을, 완성되길 바라는 인연과 쓰이길 원하는 이야기들을 믿어 보기로 결심했습니다.

당신에겐 주어진 틀에 구애받지 않고 마음껏 창의성을 펼칠 자유가 허락될 것입니다. 책의 분야 또한 당신이 옳다고 생각하는 대로 정할 수 있습니다. 원하는 형식을 채택하면 됩니다. 내 목표는 남은 시간 동안 당신에게 최대한 많은 정보와 영감을 제공하는 것입니다. 그리고 집필이 끝나면 우리의 메시지를 세상에 알릴 수 있도록 물심양면으로 지원할 생각입니다. 나는 당신이 에드워드와도 잘 지낼 수 있으리라 믿습니다. 그에 관해서는 차차 설명할게요. 그렇게 책이 세상에 나온다면 뒷일은 내 손 밖의 일이겠지요.

그런데 소피아, 첫 번째 편지를 마무리하기 전에 내가 당신에게 묻고 싶은 게 하나 있습니다.

당신은 인생의 소중한 시간을 어디에 투자하고 있죠?

한번 생각해 보세요. 아무리 생각해도 시간은 우리가 가진 전부입니다. 우리의 시간은 멈출 수도 되돌릴 수도 없고, 빨리 감을 수도 없어요. 어떤 일이 일어나든 일어나지 않든, 우리가 잘 지내든 그렇지 않든, 우리가 행복하든 불행하든, 우리가 성장하든 정체하든, 시간은 제 속도로 흘러갑니다. 커다란 시계는 재깍재깍 움직이고, 그걸 멈출 수 있는 사람은 아무도 없습니다. 그러므로 당신에게 묻습니다.

당신에게는 시간을 투자하는 전략이 있습니까?

있다면, 그 수익률에 만족합니까?

다음 편지를 최대한 빨리 쓰겠습니다.

최고의 경의를 표하며,

레오나르도

추신: 소피아, 정말 근사한 이름이군요! 당신도 알다시피 고대 그리스어로 소피아Σοφία는 '지혜'를 의미하지요. 혹시 이것이 우리가 이 특별한 프로젝트를 위해 힘을 합쳐야 한다는 신호가 아닐까요.

2장
구름 위에서

"환상이란 어떤 사람에게는
도저히 상상치 못할 무언가이다."

가브리엘 라우브 Gabriel Laub

소피아는 두 팔을 무릎 위에 올렸다. 손에는 대충 접은 편지가 들려 있었다. 그녀는 숨을 크게 들이마시며 폐에 산소가 차는 기분을 느꼈다. 이런 일이 정말 일어난다고? 그녀는 노인이 어떻게 생겼었는지 떠올리려 애썼다. 어딘가 특이하거나 혹은 정신이 나간 사람처럼 보이진 않았다. 오히려 그녀의 기억 속 노인은 기품 있고 정중한 인상이었다. 그녀가 즐겨 쓰는 표현으로, 자기 관리가 잘 된 사람처럼 보였다. 그녀는 그가 한때는 은행가로서 승승장구했으리라 짐작했다. 그가 입은 최고급 양복은 업무용 정장이 아니라 귀족적 분위기가 풍기는 트위드 소재의 한 벌이었다. 정확한 나이는 가늠되지 않았다. 아마 80대, 아니면 90대일까? 시간을 무색하게 만드는 어떤 분위기가 풍긴다는 것 외에는 그의 나이에 관해 더 나은 표현을 찾기가 어려웠다. 하지만 그녀가 가장 마음에 들었던 것은 그의 표정이었다. 친근하고 다정하고 지적이면서도, 상대에게 신뢰를 주는 인상이었다.

아마 그렇게까지 마음이 끌리는 상대가 아니었다면 그의 편지를 받지도, 계속 들고 있지도 않았을 것이다. 물론 처음에는 불편한 기분이 없지 않았으나, 불쾌감보다 더 큰 호기심으로 극복할 수 있었다. 소피아는 좁은 좌석 발판 위에 가냘픈 다리를 가지런히 얹고선 방금 다 읽은 편지의 내용을 복기하려고 애썼다. 핵심은 사람들이 건강하고 의미 있고 행복한 삶을 누릴 수 있도록 도와주는 책에 관한 내용이었다. 미사여구가 좀 많긴 했지만 기본적으로는 합리적인 말이었다. 하지만 미심쩍은 구석이 없지 않았다. 무엇보다 느닷없이 나타나 친한 척하는 화자에게 반감이 들었다. 노인 또한 편지를 쓰면서 그 점을 예상했던 것 같다.

그럼에도 불구하고 그녀 안에는 자신에게 정말 특별한 일이 일어나고 있다고 믿고 싶은 마음이 있었다. 현재 베를린에서의 자기 삶의 형편을 돌이켜 보노라면 그 마음은 더욱 커졌다. 그녀는 짙고 어두운 눈썹을 들어 올려 편지를 골똘히 들여다보았다. 이미 봉투는 세관 앞에서 순서를 기다릴 때 뜯어보았다. 그 얇은 봉투 하나가 돌연 그녀의 마음을 휘저어 놓았다. 그 안에는 세 장짜리 편지 한 통뿐이었다. 다른 건 없었다. 그녀는 다른 무언가를 고민할 때 으레 그러하듯 작은 손가락으로 오뚝한 콧등을 쓰다듬었다. 무의식적으로 입꼬리가 살짝 올라가며 미소가 지어지는 순간, 그녀는 세차게 고개를 흔들었다.

콕 집어 어디가 수상하다고 말할 수는 없었으나 의문이 꼬리에 꼬리를 물었다. 이 고상한 노신사가 지극히 개인적인 일에 일면식도 없는 그녀를 참여시키려고 하는 이유는 무엇일까? 그리고 그녀가 행복한 인생의 비밀에 관해 무얼 안다고 이런 일을 맡긴단 말인가?! 소피아는 종종 그러하듯 자신을 비웃는 것으로 슬픔을 감추었다. 자연스럽게 옆자리 여성에게 눈길이 갔다. 조그만 노트북 자판을 부지런히 두드리는 여성은 문서 작업 중인 것 같았다. 혹시 이 숙녀는 명망 높은 출판사의 존경받는 편집자로, 바로 지금 위대한 원고를 다듬고 있는지도 몰랐다. 소피아는 잡념으로 빠지지 않고 다음 질문에 집중했다.

노인은 우연히 그녀의 프로필을 보았다고 썼다. 하지만 어째서 그가 그녀를 알아본 걸까? 소피아는 그 점이 석연치 않았다. 혹시 그가 학력이나 직업을 기준으로 전문 유령 작가를 찾던 중은 아니었을까? 그녀는 영국에서 조직 심리학으로 박사 학위를 받았고, 독일에서 국제 정치와 운동 의학으로 석사를 수료하였으며, 미국에서 경영학으로 또 다른 석사 학위를 받았다. 한 사람의 학력으로는 꽤 독특한 경로였다. 책을 몇 권 출판한 것은 사실이나, 그녀 스스로는 자신을 진짜 작가라기보다는 문자와 단어를 다루는 수공업자로 여겼다. 그리고 그것과는 별개로, 이 모든 게 너무 황당했다! 소피아는 사고방식이 창의적인 편인데도 그러했다. 그녀는 편지를 다시 읽었다. 아무리 봐도 일반적인 집필 요청이 아니었고, 그녀를 유령 작가로 보는 것 같지도 않았다.

'에드워드는 또 누구지? 누구든 잘생겼으면 좋겠네.' 소피아는 실없는 생각에 잠시 웃음을 흘렸다. 도대체 평범한 구석이라곤 찾아볼 수가 없는 편지였다.

불과 며칠 전, 지금과는 반대 방향으로 날아가는 비행기 안에서 그녀는 무언가 특별한 일이 일어나기를 바랐다. 어떤 일이 일어나 삶의 방향을 바꿀 수 있길 말이다. 철없는 소리로 들릴 수도 있지만, 그녀는 자기 인생을 확 뒤집어줄 마법의 지팡이를 바랐다. 문득 그 노신사가 〈해리 포터〉의 교장 선생님과 닮았다는 생각이 들자, 그녀는 오른쪽 뺨에 작은 보조개를 잡으며 싱긋 웃었다. '이름이 뭐였더라? 아, 덤블도어!' 노인에게 긴 머리와 수염, 그리고 마법 망토는 없었지만 지혜롭고 선한 인상만은 영락없는 덤블도어였다.

소피아는 편지를 다시 읽으면서 레오나르도의 마지막 질문을 곱씹었다. 은행가로서 그는 인생의 전반을 지극히 합리적인 기준과 방식으로 조망해 왔을 것이다. 순간 전 남자친구 루벤이 떠올랐다. 그도 은행가였다. 그녀에겐 시간을 투자하는 전략 같은 건 없었다. 그런 생각 자체가 그녀에겐 터무니없이 느껴졌다. 어쩌면 그녀 안에서 방어 기제가 작동한 탓일지도 모른다. 하지만 그런 금융 용어는 편지의 전체 맥락과 전혀 어울리지 않았다. 그녀는 아무 데나 전문 용어를 갖다 붙이는 게 전형적인 미국식 어법이라고 생각했다. 그런데도 탁자에 올려놓은 편지 속 질문들이 그녀의 머릿속에 스며드는 듯한 기분을 느꼈다. 계속 그 질문이 맴돌았다. '소피아, 당신은 인생의 소중한 시간을 어디에 투자하고 있죠?'

그녀는 런던에서 베를린으로 이사한 후 지난 몇 주간의 시간을 회상하면서 풀이 죽은 목소리로 중얼거렸다.

"나는 내가 시간을 보내는 방식에 만족하지 않아요."

말소리를 들은 옆자리 여성이 대꾸했다. "네? 뭐라고요?"

소피아가 어깨를 으쓱하며 멋쩍게 웃었다.

"죄송해요. 그저 혼잣말이었어요. 놀라게 해드려 죄송해요."

크림색 긴팔 셔츠 원피스 차림으로, 누가 봐도 전문직으로 보이는 그 여성은 오히려 반색했다. "저도 그럴 때가 있어요. 특히 화났을 때요."

"정말요? 그런데 저는 화 안 났어요!" 소피아가 농담조로 응수했다.

순간 둘은 동시에 웃었다. 그리고 여성은 곧장 노트북으로 시선을 돌려 문서에 다음 알파벳을 적어 넣었다.

소피아는 눈을 감고 다시금 생각에 잠겼다. 그러나 잠시 후 돌연한 충격으로 생각을 멈춰야 했다. 기체가 아래위로 요동치며 흔들리더니, 난기류에 휘말렸다는 기장의 안내 방송이 들렸다. 옆자리 여성은 노트북을 닫았다. 소피아는 마음속에 공포가 들어차는 걸 느꼈다. 그녀는 뱃속 가득 숨을 채운 뒤 잠시 멈췄다가 길고 천천히 내뱉고서 다시금 숨을 멈추는 호흡법으로 마음을 다스리려 애썼다. 몇 년 전 비행 공포 극복 세미나에서 배운 이 기술은 긴장 상황이면 어디에서나 효과를 볼 수 있었다. 깊이 호흡하는 것만으로도 신경계가 이완 상태로 전환되기 때문이다.

비행기는 곧 안정을 되찾았다. 그녀는 안도의 한숨을 내

쉬며 살짝 구겨진 편지를 가방에 넣고 수면제를 꺼냈다. 회의에서 만난 어떤 의사가 돌아가는 비행기에서 먹으라며 준 것이었다. 그녀는 이 약을 정말 먹게 되리라곤 생각지 않았다. 하지만 지금이야말로 화학적으로 수면을 유도하기에 안성맞춤인 때로 보였다. 그녀는 시계를 한 번 쳐다보고선 좌석 등받이를 뒤로 넘겼다. 암스테르담까지는 7시간 남짓이 남았다. 거기서 베를린으로 가는 비행기로 갈아타는 여정이었다. 그녀는 자고 싶었다. 루벤도, 노신사도, 편지도 생각하지 않고 최대한 오래 자고 싶었다. 다행히도 심신을 안정시키는 알약의 효과를 오래 기다릴 필요는 없었다. 그녀에겐 더할 나위 없는 축복이었다.

3장
베를린의 푸른 하늘

"사랑은 모든 병 중에서 가장 건강한 병이다."

에우리피데스 Euripides

이윽고 소피아가 레오나르도로부터 다음 편지를 받았을 때는 날이 화창했다. 춥고 우중충한 날씨가 몇 주간이나 계속되다가 마침내 푸른 하늘이 모습을 드러냈다. 오래간만에 푹 자고 일어난 그녀의 기분은 예상 밖으로 활짝 갠 날씨만큼이나 개운했다. 그녀는 하루 일정을 세우며 설렘을 느꼈다. 그날은 베를린 시내로 나가 런던 동료에게 추천받은 슈프레강 변의 한 카페에서 아침을 먹은 다음 시내를 좀 둘러볼 계획이었다. 업무도, 일정도, 이메일 확인도 없는 24시간이었다. 평일에 휴무라니, 이렇게 좋을 수가!

공동주택을 빠져나가던 그녀는 우편함이 나란히 붙어 있는 왼쪽 벽을 눈으로 훑었다. 공항에서 편지를 받은 후로 레오나르도로부터 다음 연락이 없는 것에 실망한 나머지 그녀는 며칠 동안 우편함을 열지 않았다. 하지만 휴무를 맞아 더는 유혹을 참을 수 없었다. 작은 구멍에 열쇠를 넣고 돌리는 순간, 우르르 쏟아지는 고지서와 광고 전단, 각종 공문을 보자 그녀의 마음은 다시금 실망으로 물들었다. 미리 마음의 준비를 하지 못한 자신을 탓하며 우편물들을 모질게 되밀어 넣던 중, 생김새가 독특한 봉투 두 개를 발견했다. 겉면에 옛날식 도안이 그려진 봉투들이었다. 손으로 직접 그린 그 문양이 그녀 눈에 익었다. 순간 소피아는 등줄기가 흥분으로 찌릿해졌다. 과연 몇 주간 기다린 보람이 있는 걸까?

샌프란시스코에서 돌아온 이후로 소피아의 삶에는 많은 일이 일어났다. 많은 일이 일어난 동시에 아무 일도 일어나지 않았다. 레오나르도의 첫 번째 편지를 읽은 후, 그녀는 전 남자 친구인 루벤을 자기 인생에서 완전히 지우기로 결심했다. 그들은 이전에도 몇 번이나 헤어진 적이 있었는데, 항상 같은 패턴이었다. 그녀는 루벤 때문에 깊은 상처를 입었다. 그런데도 루벤은 관계를 깬 책임을 그녀에게 미루며 비난했다. '공격은 최선의 방어'를 인생의 신조로 삼는 사람

다웠다. 베를린으로 이사한 후로 그녀는 그와 연락을 끊는 것에는 성공했지만, 온라인상에서는 여전히 그를 따라다니고 있었다. 그리고 그 상황은 그녀를 깊은 우울에 빠뜨렸다.

레오나르도의 편지를 여러 번 읽은 후, 그녀는 이 구차한 미행을 멈춰야만 한다는 결론에 이르렀다. 자신의 소중한 시간을 좀 더 의미 있게 투자해야 한다는 그의 주장에는 의심할 여지가 없었다. 샌프란시스코에서 돌아온 직후 며칠은 그 결심을 지켰고, 변화가 뿌듯했다. 하지만 일주일이 지나고 또 다른 일주일이 지나도록 레오나르도에게선 아무런 기별이 없었다. 편지도, 이메일도, 대서양을 가로지르는 봉화도 없었다. 소피아는 상상 속에서 그 친절한 노신사를 점점 더 깊이 신뢰하게 되었지만 돌아오는 반응은 없었다. 시간이 갈수록 그녀는 그에게서 다음 소식을 들을 수 있을지 의심하기 시작했다. 온라인상에서도 흔적을 찾을 수 없는 인물이었다. 편지에서 자신에게 남은 시간이 얼마 없다고 했으니 어쩌면 이미 세상을 떠났는지도 몰랐다. 그녀를 도와주고자 나타난 영웅이 이야기를 제대로 시작해 보지도 못하고 떠나 버렸다면, 이건 또 무슨 비극인가. 그녀는 레오나르도보다 자신이 더 가련하게 느껴졌다. 게다가 샌프란시스코에서 베를린으로 돌아온 날부터 엄청난 비가 내린 탓에 소피아는 의지가 점점 약해졌다. 그러던 어느 날 저녁,

독일로 출장 온 루벤이 예정에 없이 그녀의 집 앞에 나타났고, 그녀에겐 그를 밀어낼 기운이 없었다. 둘은 뜨거운 밤을 보냈지만 이튿날 루벤은 자취를 감췄다. 그녀는 그런 일이 다시 일어났다는 것을 믿을 수가 없었다. 최근 들어 그녀 안에서 부풀어 올랐던 자기 효능감이 쪼그라들었다. 마치 풍선처럼 처음에는 천천히, 하지만 점점 더 빨리 공기가 빠져나갔다. 그녀는 샌프란시스코 여행과 그 노신사와의 만남이 자기 인생의 전환점이 되리라고 진심으로 믿었다. 이 얼마나 어리석은 생각인가. 그녀는 적어도 자신의 고객들은 그녀의 비참한 모습을 볼 수 없어 다행이라고 생각했다. 자기 인생도 제대로 돌보지 못하는 심리학자를 어떤 고객이 필요로 하겠는가?

그런데 드디어 기다리던 연락이 왔다! 소피아는 자기 손에 들린 두 개의 편지 봉투를 믿을 수 없다는 듯이 바라보며 무엇을 해야 할지 몰라 우왕좌왕하다가 잠시 계단참에 앉았다. 그리고 곧 다시 일어나 급히 계단을 올라갔다. 그녀는 몇 주 전에 구매한 베를린 여행 책자를 찾아 들고선 널찍한 거리로 나왔다. 인도가 이렇게 넓은 건 베를린만의 특징이었다. 그녀의 발걸음은 경쾌하고 씩씩했으며, 얼굴에는 환한 미소가 가득했다. 슈프레강 변의 카페에 도착했을 때, 그녀는 전망 좋은 창가에서 빈자리를 발견하고 자연스럽게 착석했다.

잠시 후 그녀 앞에는 카푸치노 한 잔이 놓였다. 커피를
여유롭게 한 모금 마신 그녀는 마침내 오래 기다리던 편지
를 읽어 내려갔다.

레오나르도의 두 번째 편지
다시 찾은 용기

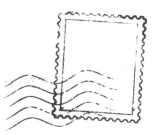

"내면의 태도는 큰 차이를 만드는 사소함이다."

윈스턴 처칠 Winston Churchill

친애하는 소피아,

두 번째 편지를 오래 기다리게 만들어 죄송합니다. 우리가 마주친 직후부터 내 건강이 급격히 나빠졌어요. 당신을 만나려고 몸을 움직인 것이 내 심장에는 무리였나 봅니다. 샌프란시스코 병원에서 곧장 치료받지 않았더라면 나는 이 편지를 당신에게 못 보냈을지도 몰라요. 발작이 일어났고 이후 며칠간 생사의 기로를 오갔습니다. 이상하게 들릴 수도 있겠지만, 내겐 죽음을 목전에 둔 상황이 공포로 느껴지진 않았어요. 어떤 면에서는 아내를 다시 만날 생각에 설레기까지 하더군요. 내가 죽는다면 우리는 분자 상태로 광활한 우주를 함께 떠돌거나, 혹은 불교도 친구의 말처럼 손을 맞잡고 영원한 사랑으로 들어가게 되겠지요.

하지만 내가 당신께 연락지 못한 이유가 입원만은 아니었습니다. 연락을 주저하게 된 데에는 또 다른 근본적인 이유가 있었지요. 당신의 강연을 듣고 곧이어 공항에서 당신을 대면한 후, 나는 당신이 이 프로젝트에 참여하리라 확신했어요. 내가 찾던 바로 그 적임자가 바로 당신인 것을 직감했지요. 병원에서 몸 상태가 바닥을 칠 때조차 나의 정신은 미래에 대한 낙관으로 한껏 고양된 상태였습니다. 그러나 막상 퇴원하여 산타바바라의 집에 도착하자 상황은 돌변했습니다. 당신에게 편지를 쓰려고 몇 번이나 시도했으나 그때마다 무력감에 압도당하고 말았어요. 몇 주 만에 처음으로, 내가 하려고 마음먹은 것을 할 능력이 내게 없을지도 모른다는 두려움이 되살아났지요.

생각을 종이에 옮기려 노력할 때마다 내가 얼마나 능력이 부족한지를 깨닫게 되었고, 한번 그런 생각에 갇히자 더 이상 앞으로 나아갈 수가 없었어요. 도대체 이 프로젝트를 어떻게 시작해야 할까? 어디에서 시작해야 할까? 이후로 한동안은 완전한 절망에 휩싸였다 해도 과언이 아닐 것입니다. 백지에 한두 문장을 끼적이기에 성공하는가 싶다가도,

벅벅 지워버리고선 성급하게 구겨서 휴지통에 던지길 반복했지요. 나는 금세 자신에게 등을 돌리고 휴지통과 친구가 되었어요.

당신과 당신의 빛나는 초록색 눈을 떠올릴 때마다 낭패감은 더 강해졌죠. 첫 번째 편지 이후 아무런 연락도 없이 당신을 방치하는 게 잘못된 일처럼 생각되었습니다. 물론 부정적으로 생각할수록 생각을 종이에 옮기기에 성공할 가능성이 줄어든다는 건 잘 알고 있었어요. 하지만 알면서도 바닥으로 파고드는 부정적인 생각의 나선 계단에서 벗어날 수가 없었지요. 내가 가슴에 품었던 모든 소망이 한심하게만 느껴졌던 순간이었습니다.

아무리 좋은 의도를 갖고 있었다지만 나는 바바라의 작업에 마땅한 의미를 부여할 방법을 찾지 못했습니다. 그녀의 생각을 쉬운 말로 옮기면서도 그녀가 전하고자 했던 지혜의 깊이를 훼손하지 않을 길, 그리고 기존에 없던 구조를 만들어 낼 길이 보이지 않았어요. 소피아, 여기서 당신이 알아야 할 것이 있습니다. 사실《성공한 인생의 비밀 레시피》는 우리가 수년간 의학과 심리학, 그리고 사회 문화학 분야에서 수집한 연구 결과와 일화, 새로운 발견을 모아놓은 자료의 제목에 불과합니다. 연구를 시작할 때부터 책을 쓸 요량은 아니었어요. 우리에겐 유연한 틀 안에서 발전시킨 여러 가지 생각과 그 내용을 정리하기 위한 기본적이고 포괄적인 개념만 있었지요. 처음에는 손글씨로, 나중에는 디지털 정보로 저장한 그 자료 안에는 방대한 양의 숫자, 역사와 사실 관계가 기록돼 있었습니다. 삶의 마지막 순간에 바바라는 이 모든 것을 토대로 책을 쓰고 있었고 나는 편집에 도움을 주었지요. 그녀는 거대한 퍼즐을 짜맞추는 심경이었을 겁니다. 그녀의 최종 목표는 학문적으로 예리하고 정서적으로 매력적인 책을 쓰는 것이었습니다. 그저 사람들에게 정보를 전달하는 것에 그치지 않고, 실제로 그들이 성공적인 삶을 향한 의지를 행동으로 옮길 수 있도록 동기를 부여하는 것이었어요.

하지만 바바라의 원고는 더 이상 존재하지 않습니다. 우리가 수십 년에 걸쳐 수집하여 자료로 정리한 수천 장의 수기 기록과 녹화와 녹음테이프, 사진, 그림, 도표 중 하나도 남은 게 없어요. 전부, 심지어 전자 데이터로 된 것마저도 화재로 사라졌죠. 물론 내가 샌프란시스코로 가서 당신을 만나기로 계획할 때 그걸 몰랐던 건 아니에요. 하지만 병원에서 퇴원하여 당신에게 이 편지를 쓰려고 책상에 앉아서야 비로소 나는 소실된 자료와 원고를 보완할 방법에 대해 아는 바가 하나도 없다는 사실을 새삼스레 깨달았습니다. 아, 나는 순진하기 짝이 없었어요! 구멍이 있다면 숨고 싶을 정도로 부끄러웠어요. 특히 나 자신에게 말이죠.

 '남은 희망이 있을까?' 몇 주 동안 이 질문을 곱씹었습니다. 병원에서 돌아올 때 나는 스스로 약속했어요. 더는 과거의 잘못을 외면하지 않겠다고. 그래서 집으로 돌아가거든 약을 꼼꼼히 챙겨 먹고, 잘 먹고, 푹 쉬며, 가능한 한 오래 살아가기로 결심했어요. 체력을 끌어올리고 정신을 집중하여 아내가 못다 쓴 책을 쓰려고 했죠. 하지만 유의미한 내용을 종이에 담을 만한 능력이 내게 없을지도 모른다는 의심이 뒤늦게 찾아온 거예요. 아무리 작정하고 집중해도 잃어버린 것을 되찾을 수는 없다는 사실을 자각한 나는 다시금 무기력한 상태에 빠져버리고 말았습니다.

 그런데 그때 그 일이 일어났어요. 또다시 불면의 밤이 찾아와 하릴없이 침실을 배회하던 나는 바바라의 서랍에서 사고 몇 주 전에 그녀가 읽던 책을 손에 들게 되었습니다. 심리학 교수인 캐럴 드웩Carol Dweck이 쓴 그 책은, 삶에서 실패와 성공을 가르는 건 우리의 내적 태도와 자세라고 말하고 있었어요. 인생에서 부단히 배우고 잠재력을 발휘할지, 아니면 가진 재능조차 미처 다 발휘하지 못하고 뒤처질지는 마음의 태도에 의해 결정된다는 주장이었지요.

 특히 나는 저자가 그 주제에 관한 첫 실험을 묘사한 부분을 인상 깊게 읽었어요. 어린이들에게 어려운 퍼즐을 계속 주면서 풀도록 하는 실험이었어요. 드웩 교수는 퍼즐을 맞추고, 문제를 해결하고, 수수께끼를 푸는 동안, 아무런 실마리가 보이지 않을 때조차 열정을 잃지 않는 어린이들이 있다는 것을 발견했습니다. 그 아이들은 작은 발전에 기뻐했고, 번번이 실패하더라도 도전 그 자체를 즐기는 것처럼 보였어요. 드웩 교수는 이런 내적 태도를 개념화하여 '성장 마인드셋Growth Mindset'이라고 불렀어요. 세계적으로 유명해진 이 개념은 능력과 잠재력, 심지어 지능까지도 시간을 들여 노력하면 분명 나아질 수 있다고 믿는 태도를 뜻해요. 이처럼 건강한 내면의 태도를 가진 사람은 자신이 해내지 못했더라도 좌절하거나 스스로를 의심하지 않아요. 오히려 목표가 의미 있다고 느껴지면 그에 걸맞은 능력을 갖추기 위해 나아가죠. 이에 반해 풀 수 없거나 풀기 어려운 과제 앞에서 자신에게 재능이 없다는 사실을 발견하고 수치심을 느끼는 아이들도 있었습니다. 그런 기분은 노력하는 기쁨을 앗아가고 자존감을 좀먹습니다. 이러한 상태를 최신 심리학에서는 '고정 마인드셋Fixed Mindset'이라고 불러요. 이런 태도를 지닌 사람들은 스스로에게, 그리고 다른 사람들에게 창피를 당하지 않기 위해 도전을 꺼리고 실패할 가능성이 있는 길은 피하려 하죠. 그 결과 성장은 멈추고 잠재력을 펼칠 길은 요원해집니다.

언뜻 흥미롭게 들리는 이론이었지요. 하지만 지금 내 상황에서 이런 지식이 다 무슨 소용일까요? 그래서 인터넷 세계를 좀 더 배회하던 중, 앤드류 후버만Andrew Huberman이라는 선도적인 뇌과학자의 주장을 추가로 발견했어요. 그는 사람들이 특정 과제에 성장 마인드셋을 적용했을 때 얻을 수 있는 장점을 신경 화학적 측면에서 설명했더군요.

내가 이해한 그의 이론은 이러합니다.

성장 마인드셋이란, 어떤 문제를 해결하는 과정에서 작은 진전이 있을 때마다 행복을 느끼고, 그 감정에서 내면의 보상을 얻는 자세를 뜻합니다. 전체 목표를 다 이루고 나서야 비로소 보상을 얻는 게 아니지요. 우리가 성장 마인드셋을 잘 갖추면 뇌에서는 지속적으로 소량의 도파민과 다른 신경 전달 물질이 분비되어 성장의 동기를 부여하고 불필요한 스트레스나 열등감을 억제합니다. 이런 정신 상태에서 우리는 난제 앞에 좌절하는 대신 해결 과정 자체를 즐길 수 있는 신경 화학적 조건을 갖추게 되지요. 뛰어난 운동선수와 음악가, 과학자와 지도자 등 고성과자들 중에는 일상에서 성장 마인드셋의 유익을 누리는 경우가 많다고 해요.

이 대목에서 나는, 합리적 사고를 의무로 느끼며 살아온 은행가로서, 현 상황에서 앞으로 나아갈 수 있는 유일하고도 합리적인 방법을 이해했습니다. 그건 바로 내 뇌가 나의 계획을 가로막는 대신 지원하도록 신경 화학적 환경을 조성하는 것이었죠. 물론 말처럼 쉬운 일은 아니었어요. 하지만 그 목표 아래에서 나는 매일의 루틴을 정하기로 결심했습니다. 과정을 즐기는 것을 목표로 삼고 매일 아침 세 시간씩 글을 쓰기로 말이에요. 이 일이 내 삶의 큰 실수를 만회하는 데 도움이 되리라 믿고 노력하는 그 자체를 즐기자! 그리고 어느새 나는 정말 그렇게 하고 있었어요. 오롯이 작은 진전에 기뻐하고 만족하는 일에만 집중했습니다. 소중한 기억이 되살아나면 그것에 감사했어요. 좋은 아이디어가 떠오르면 마음속으로 칭찬하고 축하했지요. 그러자 내면의 장애물들이 정말 사라지기 시작했어요. 결과에 지나치게 집착하는 대신 매일의 실천 속에서 목표를 향해 가고 있다는 사실에 기뻐하며 아주 작은 진전조차도 인정했지요. 이러한 자세는 나의 정신력을 회복시키는 것에 큰 도움이 되었습니다.

그리고 내 사고에 새로운 방향을 제시하는 또 다른 무언가가 나타났습니다. 어느 날 저녁, 21세기에서 지식이 형성되는 속도에 관한 다큐멘터리 영화를 보던 중 처음 생각했던 것과는 다른 성격으로 세상에 기여할 방법이 있을지도 모르겠단 생각이 들었어요. 바바라와 나는 지난 수십 년간 사막에서 샘을 찾는 사람처럼 우리의 주제와 관련된 새로운 지식을 찾아 헤맸어요. 지금은 당시에는 꿈도 꾸지 못했던 속도로 새로운 지식이 등장하고 있지요. 최근의 추정에 따르면 이 세상의 지식은 5년에서 12년마다 '두 배씩' 늘어나고 있으며, 그 속도는 점점 빨라질 거라고 하지요. 인터넷 덕분에 우리는 이러한 지식의 상당 부분을 집에서 나가지 않고도, 심지어 비용을 내지 않고도 언제든지 얻을 수 있어요. 그래서 바바라는 늘그막에 이런 얘길 하곤 했지요. "우리에게 지식은 넘치도록 많아. 하지만 지혜는 그렇지 않지."

이 책을 쓰는 목적이 바바라와 그녀의 동료 센딜이 수십 년에 걸쳐 수집하고 개발한 이론의 세부 사항과 방법론을 재현하는 것만은 아니에요. 어쨌든 그것은 영원히 사라졌고, 모든 것을 빠짐없이 복기할 만큼 내 기억력이 좋지 않다는 것쯤은 나도 알고 있어요. 설령 내가 초인적인 기억력을 지녔다고 해도 내 여생은 그 일을 완수하기에 충분치 않아요.

그렇다면 내가 할 수 있는 일은 무엇일까요?

다큐멘터리가 끝나고 화면에서 엔딩 크레딧이 올라가는 동안, 나는 문득 내가 좋아하고 아주 잘할 수 있는 일을 하게 될 거라는 확신이 들었어요. 어떤 이야기를 들려주려고 해요. 내가 아주 잘 기억하고 있는, 적어도 내식대로는 하나도 빠짐없이 기억하고 있는 하나의 이야기. 곧 바바라와 나의 삶, 그리고 성공적인 삶의 비밀을 찾아 나선 우리의 여정에 관한 이야기를 말입니다. 시간의 순서를 따르지는 않을 겁니다. 시간대를 이리저리 뛰어넘으며 크고 작은 일들을 이야기할 거예요. 사람들의 머리뿐 아니라 가슴으로 다가가, 그들이 지금보다 더 의미 있게 시간과 집중력을 투자하도록 독려할 것입니다. 바바라도 죽기 전에 같은 얘길 한 적이 있어요. 비록 우리가 수년간 백과사전식 작업에 매달렸지만, 어쩌면 우리가 깨달은 지혜의 본질을 전달할 수 있는 더 효과적인 방법이 있을지도 모른다고 말이에요.

나는 이 생각을 꼭 붙들고 매일 글쓰기 루틴을 지키려고 노력 중입니다. 과한 기대가 발목을 잡지 않도록 매일 조금씩만 써 나가는 중이에요. 그리고 내일이면 늘 크고 작은 도움을 주는 이웃인 이자벨이 우체국에 가서 당신에게 이 편지를 부칠 예정이에요.

소피아, 조만간 당신에게 내 소식이 전해진다고 생각하니 기쁩니다. 어쩌면 당신은 내가 세상을 영원히 떠났다고 생각하고 있을지도 모르겠어요. 그리고 지금쯤 그게 터무니없는 생각은 아니었다는 걸 알게 되었을 거예요. 하지만 나는 아직 여기에 있고, 이 프로젝트의 성공에 기여할 준비가 되어 있습니다.

부디 몸 건강히 지내요!

그리고 감히 내가 연장자로서 당신에게 조언하자면 지금 당신을 바쁘게 만드는 것이 무엇이든, 당신이 집중하는 것이 무엇이든, 일상의 아주 작은 성공과 발전에 기뻐하길 바랍니다. 그런 기쁨 없이 몸만 분주한 건 바보 같은 노릇이에요.

진심을 담아,
당신의 레오나르도

4장
희망

"우리에게 무언가를 시도할 용기가 없다면
삶에 도대체 무슨 의미가 있겠는가?"

빈센트 반 고흐 Vincent van Gogh

소피아는 두 통의 편지 중 첫 번째 편지를 읽고 곧장 한 번 더 훑어 읽었다. 그리고 즐거운 표정으로 의자 등받이에 몸을 기대어 생각에 잠긴 채 흘러가는 슈프레강을 바라보았다. 강물에는 맞은편 강둑의 집들이 비치고 있었다. 레오나르도는 살아있었고, 여전히 그 신비로운 책 프로젝트에 그녀가 동참해 주길 원했다. 그녀의 몸이 안도감으로 따스해졌다. 소피아의 할머니는 언제나 자기 자신을 믿기만 하면 인생에서 무엇이든 이룰 수 있다고 말씀하셨다. 그리고 그녀는 지금 할머니가 살던 곳에서 그리 멀지 않은 장소에 앉아, 자신을 찾아온 놀라운 기회를 유익하게 활용하고 자기 삶에 대한 통제권을 되찾으리라 다짐했다.

하지만 그녀의 다짐을 흔드는 방해꾼이 있었다. 어쩌면 레오나르도가 계획을 완수하기 전에 세상을 떠날지도 모른다는 불안감이었다. 그녀는 느긋하게 생각하려고 애썼다. 10대 시절, 그녀는 안전 고리에 로프를 매달고 절벽을 등반하는 '탑 로프 클라이밍'을 좋아했다. 클라이밍을 하다 보면 가끔 막다른 구간에 갇힌 것처럼 보일 때가 있었다. 그럴 땐 발을 디딜 턱이나, 손가락을 집어넣을 구멍을 찾기 위해 몇 센티미터 위로 점프해야만 했다. 턱이나 구멍을 찾는 데 성공하면 나머지 등반은 수월하게 풀리곤 했다. 혹시 점프에 실패해도 그녀에겐 로프가 있었다. 떨어질 경우를 대비해 친구들이 바닥에서 줄을 잡고 있으니 안전했다. 그러나 지금 당장 그녀를 위해 로프를 잡아 줄 누군가가 없다는 건 애석한 일이었다. 적어도 주변에는 아무도 없었다. 그게 그녀의 고민거리였다. 하지만 최악의 경우 레오나르도가 프로젝트를 끝내기 전에 세상을 떠난다고 한들, 마음은 좀 아프겠지만 바닥으로 추락할 정도로 낙심하진 않을 것 같았다. 곧 봄이었다. 소피아는 베를린으로 돌아온 후 몇 달을 허송세월하였으니 이제는 시간을 좀 더 유익하게 쓰리라 마음먹었다.

물론 그녀는 자신이 레오나르도의 책에 구체적으로 어떻게 이바지하게 될지 아직 몰랐다. 지금까지 그녀는 주로 자신의 고객층을 겨냥한 경영서와 자기 계발서를 써 왔다. 그런 책을 집필하고 출판하는 데에는 지식과 경험, 그리고 상당량의 성실함이 요구되었지만 창의력이 풍부할 필요는 없었다. 그런 점에서 이번 프로젝트는 그녀에게 색다른 도전이었다. 솔직히 말해 소피아는 노신사의 구상처럼 누군가의 개인적인 일화에 과학적 지식과 철학적 통찰이 버무려지면 어떤 책이 될지 상상하기 어려웠다.

하지만 레오나르도가 성장 마인드셋을 언급한 것은 고무적이었다. 마인드셋은 그녀와 함께 일하는 모든 대기업과 회사에서 이른바 '뜨거운 감자'로 다뤄지는 주제였다. 최근 모든 대형 기관이 변화의 과정 중에 있으며, 사업 모델과 경영 및 업무 방식을 끊임없이 바꾸고 있었다. 경영진이라면 누구나 새로운 현실을 받아들여야 했다. 그들은 본질적으로 동시에 두 개의 다른 회사를 위해 일하고 있었다. 하나는 지금 여기에서 돈을 버는 회사이고, 다른 하나는 미래에 수익을 낼 회사였다. 그리고 그 둘의 차이가 어느 때보다 뚜렷한 시기가 바로 지금이었다. '평생 학습'은 새로운 근로 계약의 일환이 되었다. 소피아는 이 새로운 시대에서 트로피를 손에 거머쥘 사람은 완벽주의자가 아니라, 다양한 것에 관심을 갖고 배움을 즐거워하되 스스로를 몰아세우지 않는 사람이라고 확신했다.

소피아는 레오나르도의 책이 자신에게도 그러한 내면의 태도를 키우고 실천할 또 다른 기회를 제공할 것임을 직감했다. 그리고 레오나르도가 던진 수수께끼를 이해하고 풀기 위해 자신이 한동안은 말 그대로 안개 속을 헤매게 될 거라고 확신했다. 자기 앞에 놓인 오래된 참나무 테이블을 어루만지던 소피아는 무의식적으로 숱 많은 눈썹을 찌푸렸다. 그녀에겐 이런 경험이 익숙했다. 어려운 과제를 앞에 두고 자신의 지식 부족과 무능함을 배움의 기회가 아닌 실패로 받아들일 때면, 늘 더 많은 정신력을 소모하곤 했다. 그럴 때마다 의식적으로 "아직은…"이라고 되뇌는 것이 긴장을 푸는 데 도움이 됐다. 단순하게 들리는 말이지만, 입으로 내뱉고 안 내뱉고의 차이가 컸다. 글을 어떻게 써야 할지, 출판사를 어떻게 찾아야 할지, 또는 뭐를 어떻게 해야 할지 모를 때마다 그녀는 자신에게 "아직은 모르지만…", "아직은 못하지만…"이라고 속삭였다. 설령 지금 당장은 이 모든 것이 어디로 향하는지 알 수 없다 할지라도, 천천히 앞으로 나아가며 작은 진전과 성공에 기뻐하고 자신을 믿어주기로 결심했다. 이 신비로운 프로젝트에서 자신이 무엇을 얻을지는 상관치 않기로 했다. 인생에서 지금처럼 특별한 일이 얼마나 자주 있겠는가?!

소피아는 누군가 곁으로 다가오는 기척을 듣고 첫 번째 편지를 조심스레 접었다. 찍힌 소인을 보니 다른 편지보다 사흘 앞서 발송된 것이었다. 그때 마침 잘생긴 웨이터가 새로 주문한 카푸치노를 테이블로 들고 왔다. 그야말로 금상첨화였다!

설렘이 가득한 마음으로 그녀는 테이블 위에 놓인 두 번째 봉투를 집었다. 훌륭한 소설을 펼칠 때보다 더 설렜다. 다음 편지에서 레오나르도가 그녀에게 나눠 줄 이야기는 또 무엇일까?

소피아는 노신사와 그의 편지에 흠뻑 반했다. 그녀는 동년배들 사이에서는 인생의 행복을 찾는 것에 실패했지만, 어쩌면 여든 혹은 아흔 먹은 은행가에게서는 가능할지도 몰랐다. 소피아는 노신사가 인도하는 세계로 다시 한번 기꺼이 빠져들었다.

레오나르도의 세 번째 편지
인생은행

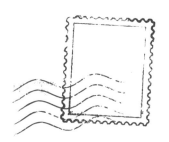

"인생에서 중요한 것들은 언제나 같다."

사무엘 베케트 Samuel Beckett

친애하는 소피아,

산타바바라에 아름다운 아침이 찾아왔습니다! 내 곁의 오렌지 나무에는 벌새들이 찾아와 지저귀고, 이제 막 떠오른 태양은 우리의 테라스를 부드럽게 비추며, 아직 찾는 이가 드문 해변은 평화롭기 그지없어요. 바다를 한없이 바라보자니 마음의 눈으로는 저 멀리 하와이가 보이는 것 같아요. 이런 상상은 내 심장을 뜨겁게 하고 내 상상력을 자극하지요. 청명한 내면의 상태는 내 영혼을 진정시키고 현재와 앞으로의 가능성을 열린 눈으로 바라볼 수 있게 해 줄니다. 내 인생 마지막 프로젝트를 어떻게 진행할지 결정한 후로는 텅 빈 백지 앞에 앉는 것이 더 이상 두렵지 않습니다. 과거로 여행을 떠나 내 기억을 적어 내리면서 오히려 감사와 기쁨을 느끼게 되었어요.

오늘은 어디서부터 시작할까요? 나는 당신에게 '인생은 행'에 관한 이야기를 하고 싶어요. 바바라에게 처음으로 이 생각을 들려주던 날이 내 기억엔 아직도 생생합니다. 함께 아침을 먹다가 지난밤 어떤 은행에 관한 꿈을 꾸었다고 말했지요. 아마도 은행원이라는 직업이 영향을 끼친 것 같아요. 다만 꿈속 은행이 내가 일했던 은행은 아니었습니다. 꿈에서 본 은행은 돈이 아니라 시간을 다루는 곳이었으니까요. 낭비를 줄여가며 이윤을 극대화하는 방식으로 자기 인생의 시간을 투자하는 은행이었어요. 인생은 짧기 때문에, 모든 사람이 이익을 얻을 수 있는 곳처럼 보였지요. 그리고 교육 기관도 있었어요. 거기서 사람들은 자신의 시간뿐 아니라 집중력을 투자하는 법 또한 배울 수 있었습니다. 둘 중 하나만 배워서는 양질의 성장을 기대할 수 없으므로, 두 가지를 함께 배워야 하지요.
　나와 바바라는 이 은행 얘기에 흠뻑 빠졌어요. 나는 그녀에게 꿈도 인생은행도 내 머릿속에서 나온 것이니, 내가 은행장을 해야 한다고 우스개 삼아 말했지요. 금융권 경력까지 갖춘 내가 바로 적임자라고 말입니다. 바바라는 창작에 관한 고유한 권리가 내게 있다는 점을 인정하면서도, 이 은행은 돈이 아니라 시간을 투자하는 복잡한 기관이므로 제 경력은 전혀 도움이 되지 않는다고 주장했어요. 나는 시간과 돈을 구분하여 생각할 수 있는 건 부자와 가진 자들뿐이라고 반박했지요. 대다수 사람에게 돈을 버는 것은 결국 인생의 시간을 투자하는 것이므로, 여전히 나는 이 기관을 이끌 적격한 후보라고 말이죠. 바바라는 잠시 멈칫하더니 이것이야말로 은행가의 성격이 얼마나 삐뚤어졌는지 보여주는 살아있는 증거라고 맞받아쳤어요. 우리는 시종일관 낄낄대며 이 유쾌한 말싸움을 즐겼습니다. 그러다 어느 순간 서로를 진지한 표정으로 쳐다보았습니다.

"어쩌면 '인생은행'은 사람들이 돈을 시간으로, 시간을 인생으로 바꾸는 일에 도움이 될 비유가 아닐까?" 내가 물었습니다.

"그거야, 레오나르도!" 바바라는 한 치의 망설임도 없이 내 말에 동의했어요. 그러고선 마치 혁명을 일으킬 준비가 끝난 사람처럼 주먹을 높이 들었죠. 그 모습에 우리 둘 다 웃음을 터뜨렸고, 나는 오래전 우리가 처음으로 만났던 날을 떠올렸습니다.

소피아, 앞서 언질을 주었듯이 내 이야기는 시간을 넘나듭니다. 이제 잠시 당신을 샌프란시스코의 헤이트 스트릿으로 초대하려 해요. 한때 히피 운동의 중심지였던 것으로 유명한 그곳에서 나는 바바라를 처음 만났지요.

그때 나는 뉴욕 출신의 젊고 자부심이 강한 은행원이었어요. 샌프란시스코는 이탈리아에서 온 먼 친척을 만나러 잠시 방문한 거였죠. 나는 노동자 계층의 이민자 가정에서 자랐고, 어린 시절의 대부분을 가난에 허덕였어요. 굳이 말하자면 헤이트 스트릿의 젊은 히피들이 벗어나고자 발버둥 치는 그 안정적인 중산층의 지위를 적극적으로 추구하는 부류였죠. 나는 핀 스트라이프 정장을 차려입고 당당하게 사촌 루시의 집을 찾아갔습니다. 호텔에 묵을 경제적 능력이 충분했지만, 샌프란시스코 의대에 재학 중이던 루시가 자기 집에 묵어야 한다고 고집을 피웠기에 하는 수 없이 그러기로 했답니다.

하지만 그 집에 들어서는 순간 나는 그 결정을 후회했어요. 커다란 방에 한 무리의 사람들이 의자도 아닌 바닥에 앉아 있었기 때문이에요. 하도 정신없이 드나드는 통에 그들이 몇 명인지 파악조차 되지 않았어요. 그 친구들은 야심 찬 젊은이처럼 보이지 않았고, 정신을 놓아버린 마약 중독자들처럼 보였죠. 어쩌면 내 말에 과장이 있을 수도 있지만 그때는 분명 그렇게 생각했습니다. 잠시 후 나는 내가 묵게 될 '방'이 천장에 군용 위장막을 달아 만든 어두운 굴과 그 안에 놓인 매트리스를 뜻한다는 것을 알게 되었어요. 나는 루시를 매우 좋아했지만, 그 꼬락서니를 보자 그녀의 아버지를 편들 수밖에 없었어요. 나폴리 이민자 출신인 나의 삼촌은 그 소녀에게 도움이 필요한 것 같다고 말했거든요. 나는 소돔과 고모라와 다름없는 그 소굴에서 그 아이를 구출해야 한다고 확신했어요.

그날 오후는 루시와 함께 근처 공원을 쏘다녔습니다. 그리고 집으로 돌아왔을 때 처음으로 바바라를 보게 되었어요. 나는 그 순간의 모든 세세한 것들을 기억합니다. 부엌에 서서 냄비에 담긴 인도 카레를 골똘히 젓던 치렁치렁한 금발 곱슬머리 여자는 다른 사람들보다 나이가 많고 성숙해 보였지요. 그녀의 아름다움에 나는 말을 잃었습니다. 온종일 루시의 친구들을 보면서 내가 느꼈던 우월감은 단박에 사라졌지요. 바바라는 뉴욕시의 은행에서 내가 선망했던 여성들과는 전혀 달랐는데, 희한한 일이었어요. 그녀는 우아함과는 거리가 멀었죠. 화장기 없는 얼굴에 헐렁하고 알록달록한 옷차림은 나와는 전혀 어울리지 않는 보헤미안

스타일이었어요. 하지만 내 눈에는 오직 그 아름다운 존재만 보였고, 너무 진부하게 들릴 수도 있겠지만, 첫눈에 사랑에 빠졌습니다.

저녁 내내 우리는 바닥에 둘러앉아 와인을 마시며 대마초를 피웠어요. 그때까지 나는 약을 해 본 적이 한 번도 없었어요. 뉴욕에서 손님들과 저녁 식사하면서 와인을 한잔할 때도 있었지만, 딱 그 정도였습니다. 하지만 마리화나를 섞은 담배가 내게 돌아왔을 때 나는 주저하지 않고 힘차게 한두 모금을 빨았어요. 내 왼쪽에 앉은 바바라에게 분위기를 못 맞추는 사람으로 보이고 싶지 않았으니까요. 소돔과 고모라에서 루시를 구출하겠다는 계획 따위는 진작에 마음에서 지워 버렸지요. 사실 바바라를 여왕의 자리에 앉힐 수만 있다면 나는 그 불타버린 성경 속 도시들에서 왕 노릇도 마다하지 않을 심산이었어요. 하지만 놀랍게도 그녀는 담배를 입에 물지 않고 그냥 옆으로 넘겼어요. 나는 머릿속으로 조용히 그녀에게 항의했습니다. 이윽고, 굳이 호기를 부릴 필요는 없었다는 후회를 길게 할 겨를도 없이 몰려오는 어지럼에 점점 정신이 흐려졌지요. 결국 나는 식탁에 머리를 박고 잠이 들었습니다. 몇 시간 전만 해도 내가 자신만만하게 상대하려 했던 사람들이 모두 지켜보는 가운데서요.

내가 정신을 차릴 때까지 나를 돌본 것은 바바라였습니다. 적어도 그녀 말에 따르면 그렇다고 합니다. 이후로 그녀는 멋진 정장에 어른스러운 넥타이를 목에 걸고서 몸통의 반만 식탁에 걸친 채로 곯아떨어졌던 내 꼴을 수도 없이 흉내 내었어요. 몇 년을 지치지도 않고 줄기차게 나를 놀렸지요. 그리고 언젠가, 내가 숨을 편히 쉬도록 셔츠 단추를 풀고 넥타이 매듭을 헐겁게 하고선 내 연한 피부를 부드럽게 어루만졌던 사실을 고백했어요. 나는 요즘 세상에 그랬다면 큰 문제가 될 수도 있다고 지적했고, 우리는 함께 웃었습니다. 오랜 세월 우리는 이런 식의 유머와 장난을 주고받았어요. 그것이 불가능해질 때까지… 이 이야기는 나중에 하겠습니다. 다음을 기약하도록 해요.

지금은 다시 인생은행 이야기로 돌아갑시다. 소피아, 살면서 바라는 대로 일이 술술 풀리지 않을 때가 얼마나 많던가요. 아침 식사를 하며 꿈속 은행에 관한 첫 대화를 나눈지 며칠 후, 바바라는 갑자기 내 구상을 모두 거부하고 나섰어요. 그녀는 은행업에서 하는 일을 그녀의 작업과 연관 짓고 싶지 않다고 했지요. 나는 그녀가 그렇게 생각한 데에는 시대적 분위기도 한몫했다고 짐작해요. 내가 은행에서 벌어온 수입 덕분에 우리는 안락한 생활을 누리며 원할 때 일을 쉬고 공부에 매진할 수도 있었지만, 그래도 그녀는 그 돈이 금융권이 아닌 다른 출처에서 나오기를 바랐답니다.

하지만 나는 내 아이디어를 포기하지 않았어요. 이상하게 들릴지도 모르겠지만, 나는 상상에서 시작해 차츰 현실 세계에서도 인생은행이란 새로운 기관에서 일하게 되었어요. 세상엔 '미국은행'도 있고 '중국은행'도 있고 '영국은행'도 있는데, 어째서 '인생은행'은 없을까? 오랫동안 나는 가진 것은 많지만 내면이 공허한 사람들을 위해 일했어요. 그런 그들에게 재산뿐 아니라 그 이상에 관한 조언도 할 수 있으리라 상상하니 가슴이 설레더군요.

나는 '코칭'이란 개념이 세간에 등장하기 한참 전에 우리 은행 최초의 '라이프 코치'가 되었습니다. 처음엔 재정에 초점을 두고 고객 상담을 시작해서 점점 그 범위를 인생 전반으로 넓혀갔지요. 때로는 고객들에게 돈보다 훨씬 더 중요한 통화, 즉 시간에 집중하라고 과감하게 요청하기도 했어요. 나는 그들에게 금융 자산을 늘리는 일에만 집중하기보다는 인생의 다른 영역들에 투자할 전략을 세우는 게 어떨지를 물었습니다. 처음에 고객들은 이런 대화를 부담스러워했으나 서서히, 그리고 조심스럽게 내게 신뢰를 보내주었어요. 얼마 지나지 않아 나는 은행에서 특별한 평판을 얻게 되었지요. 등 뒤에서 동료들은 나를 '목사', '심리 상담사', '치유자' 등으로 불렀고, 내가 고객을 끌어들이느라 사이비 종교 의식도 서슴지 않는다는 소문까지 돌더군요. 물론 나는 그런 일을 한 적이 없지만요.

실제로 내게 달라진 점이 있다면 그건 고객들의 말을 경청한 것뿐입니다. 그들을 조종하거나 상품을 팔아치울 의도 없이, 진심으로 그들을 이해하고자 귀를 기울였지요. 나는 주로 질문을 던져가며 자연스럽게 대화를 유도했어요. 기자나 은행가, 혹은 컨설턴트들이 많이 하는 종류의 질문이 아니라, 고객들이 이전과는 다른 관점에서 인생을 들여다보도록 이끄는 질문이었지요. 그렇게 나와 고객들은 단순한 '교환'에서 진정한 '거래'로 나아갔습니다. 좀 더 구체적으로 말하자면, 수십 년간 달러 기호에 시선을 고정하고 그 앞에 달린 숫자를 늘리는 것을 꿈으로 삼았던 성공한 사업가들이 점차 마음을 열고 새로운 인생의 태도를 받아들이기 시작했어요. 당시에는 그런 일이 일반적이지 않았고, 하물며 제 은행 동료들에게는 미친 짓이란 소리까지 들었죠. 하지만 나는 고객들의 인생이 근본부터 바뀌는 것을 심심찮게 목격할 수 있었고, 그때마다 보람을 느끼며 용기를 얻었어요. 고객 응대에 대한 자신감이 커질수록 나는 인간의 시간이 거래되는 인생은행에 대해 더욱 분명하게 이야기할 수 있게 되었습니다.

　나는 로스앤젤레스나 뉴욕, 혹은 샌프란시스코의 화려한 루프탑 레스토랑에서 만난 고객들에게 특별한 새 은행에서 5개의 '인생 계좌'를 개설하는 모습을 상상하도록 권했어요. 나는 다양한 연구를 바탕으로 건강하고 행복하며 의미 있는 인생을 구현하기 위해 세심하게 돌봐야 할 5가지 영역을 선정했고, 거기에 '인생의 5대 계좌'라는 이름을 붙였습니다. 나는 이 5가지 인생 영역을 종이에 그린 뒤, 고객들에게 현재 자신이 각 영역에서 얼마나 잘하고 있는지를 고민해 보라고 했어요. 아리스토텔레스나 세네카 같은 고전 철학자들부터 현대의 교수, 과학자 혹은 연구자들까지, 사람이 자기 인생을 긍정적으로 꾸려나가기 위해 관심을 기울여야 할 본질적인 것들에 관한 결론은 항상 같았습니다.

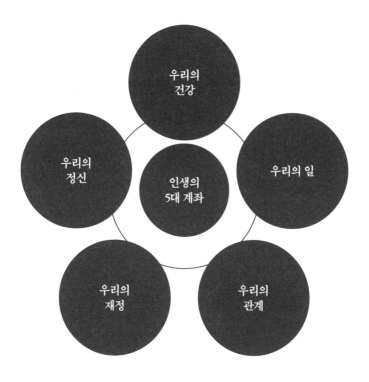

그래서 나는 내 고객들에게 인생 '5대 계좌'의 잔고를 자체적으로 평가해 보라고 제안했던 것이죠.

그들은 각각의 영역에서 얼마나 만족하고 있었을까요?

혹시 5대 계좌에서 더 많은 부를 창출할 수 있는 새로운 전략은 없었을까요? 그 전략을 실천하지 못하도록 그들을 방해하는 것은 무엇이었을까요? 무엇이 그들을 도울 수 있었을까요? 실천을 위한 동기는 어디에서 얻을 수 있었을까요? 그렇게 해서 그들이 이루고 싶은 것은 무엇이었을까요?

나는 고객들이 나와 함께 금융 투자 상담을 하기 전에

먼저 자기 인생을 내려다보며 조망해 보길 바랐습니다. 그리고 어느 날 바바라에게 그간 해왔던 일들을 설명했지요. 그녀는 내가 '인생은행'이란 비유적 개념을 활용하여 우리의 오랜 연구 결과를 통합한 방식에 놀라워하더군요.

"은행가라고 다 무쓸모는 아닌가 봐." 얌체 같은 미소를 지으며 내 볼에 입을 맞추는 그녀 앞에서 나는 웃지 않을 도리가 없었어요.

"마침내 알아줘서 정말 고마워!"

자, 친애하는 소피아, 오늘 하루는 길고 즐거웠습니다. 처음 이 프로젝트를 시작할 때만 해도 두려움이 컸지만, 지금은 이렇게 유익한 일에 몰두할 수 있다는 게 선물처럼 느껴집니다. 비록 바바라와 함께한 생을 떠올릴 때마다 고통이 밀려오긴 해도, 이제는 그 우울감마저도 받아들일 수 있게 되었어요.

다음 주부터 몇 달간 인생은행에서 5개의 인생 계좌를 관리하는 방법에 관한 5통의 편지를 쓰는 것이 내 계획이에요. 내가 당신과 공유하게 될 모든 것이 과학적으로나 철학적으로 탄탄한 근거를 바탕으로 하고 있다는 점을 알아주길 바랍니다. 그리고 만약 내게 시간이 더 허락된다면 인생은행에 투자하는 나만의 팁 몇 가지도 알려 줄 생각이에요. 수년 동안 직접 경험해가며 모은 팁이죠. 설령 내 예전 동료들은 전혀 동의하지 않을지도 모르지만, 보시다시피 나는 여전히 뼛속까지 은행원입니다.

오늘도 나는 3시간 글쓰기를 확실하게 달성했습니다. 하루 종일 날씨가 좋았어요. 이제 다시 해변에는 인적이 사라졌고 기온도 확실히 내려갔어요. 이렇게 멋진 곳이 또 있을까요! 오후 나절은 환하고 따뜻하다가, 밤이 되면 서늘하고 상쾌한 바람이 부는 이곳은 나폴리 태생인 내게 천국 그 자체입니다.

이제 슬슬 피로가 몰려오네요. 조만간 다음 편지를 쓸게요.

존경을 담아,
당신의 레오나르도

추신: 소중한 시간을 어떻게 보내야 할지 생각해 봤나요?

5장
재고 조사

"낭비한 시간에 대한 후회는 더 큰 시간 낭비다."

메이슨 쿨리 Mason Cooley

소피아가 방금 읽은 단어들의 의미를 곱씹는 동안 그녀의 눈동자는 바로크식 건물의 둥근 지붕 위를 느릿느릿 오고 갔다. 박물관 섬 전면에 우뚝 솟은 그 건물은 마치 물에 뜬 성처럼 보였다. 지금 앉아 있는 카페로 오던 길에 그녀는 하케셔 회폐 상가 단지 근처에서 메모지와 필기구를 전문으로 파는 작은 가게를 발견하고 즉흥적으로 들어갔다. 거기서 그녀는 부드러운 가죽으로 마감된 수제작 메모장 하나와 새 연필과 고급 볼펜을 한 자루씩 샀다. 이 훌륭한 물건들을 쓸 생각을 하니 절로 미소가 지어졌다. 레오나르도의 책에 참여하기로 마음먹은 이상, 생각을 메모하고 개념을 스케치해 볼 필요가 있었다. 그녀는 그림 그리길 좋아했다. 학창 시절에는 미술 강의를 듣기도 했는데, 분명 그런 점에서 레오나르도와 겹치는 부분이 있는 것 같았다.

소피아는 인생은행이란 개념을 자신에게도 적용할 수 있으리란 생각에 즐거워하며 먼저 '인생의 5대 계좌'를 메모장에 적고 자신의 인생을 새로운 관점에서 되돌아보기 시작했다. 그리고 오래 지나지 않아 5개 계좌 중 한 개 이상이 적자라는 사실을 깨달았다.

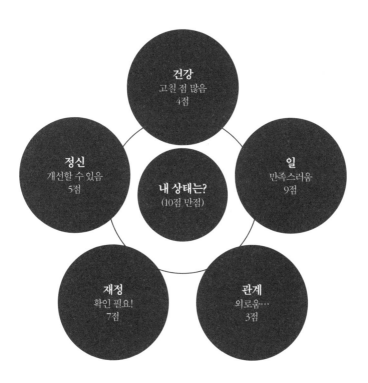

"그래도 희망이 있네!" 그녀는 가벼운 한숨을 내쉬며 말했다.

일 계좌의 상태가 가장 긍정적이란 진단은 딱히 놀랍지 않았다. 최근 몇 년간 그녀가 경력에 들인 공을 생각하면 당연했다. 10년 동안 컨설턴트와 코치, 작가와 강연자로 경력을 쌓았고 국제적으로도 이름을 알렸다. 일은 그녀에게 무한한 지적 자극을 제공했고 앞으로도 발전할 여지가 무궁무진했다. 이제껏 재정을 진지하게 돌본 적이 없는데도 돈 걱정 없이 살 수 있는 것 또한 직업에서 성공을 거둔 덕분이었다. 종종 노후를 심각하게 걱정해야 한다고 말하곤 했지만 그건 그저 입버릇이었다. 종합하자면, 그녀의 인생 계좌 5개 중 2개의 잔고는 긍정적으로 유지되고 있었다. 그리고 일에 관해서는 앞으로 더 많은 시간을 투자하게 될 것 같았다. 막상 점검해 보니, 그녀의 전반적인 상황은 염려 만큼 나쁘지 않았다. 카푸치노를 한 모금 마시는 그녀의 입가에 안도의 미소가 걸렸다.

하지만 상대적으로 덜 긍정적인 영역은 어떻게 개선하는 것이 좋을까? 그녀도 청소년기와 대학 시절에는 폭넓은 관계 안에서 친구들과 어울리는 기쁨을 누렸다. 그러나 어른이 되고 어느 시점부터는 사회적으로 고립된 기분을 느꼈다. 그녀에게도 많지는 않지만 좋은 친구들과 영감을 주고

받는 동료들이 있다. 다만, 그들은 세계 각지에 뿔뿔이 흩어져 있다. 바로 지금 이곳에서 함께할 공동체는 없다. 베를린에 없을뿐더러, 다른 어디에도 없다. 그녀는 유년기 내내 부모님이 그러했듯이 직업적 이해관계를 따라 몇 년에 한 번씩 이 도시에서 저 도시로 이사를 했다. 어딜 가든 항상 금방 적응했지만 진정한 고향은 어디에도 없었다. 그런데도 그녀는 자신의 내면이 공허한 까닭을 근본적으로 파헤치는 대신, 일과 자기 계발에 점점 더 많은 시간을 투자했다. 그럴수록 커지는 외로움은 모른 척했다.

루벤과 헤어진 후로, 아니, 정확히 말하자면 루벤과 몇 차례 만났다가 헤어지길 반복한 후로, 그녀에겐 자신을 제대로 돌볼 의욕마저 사라졌다. 음식에서 위안을 찾기 시작했고 넷플릭스를 주구장창 보는가 하면, 운동도 더는 하지 않게 되었다. 그녀는 외로웠고 육체적으로나 정신적으로 그 어느 때보다 불행했다. 대충 끼적인 메모를 보면서 그녀는 미간을 찌푸렸다. '계좌 5개 중 3개가 적자라니!' 하물며 적자의 규모가 상당하기까지 했다.

지난 몇 년간 시간과 에너지를 어떻게 투자했기에 이런 참담한 결과가 나왔을까? 그녀는 메모장의 부드러운 가죽 커버를 손가락으로 쓸어내리며 생각에 잠겼다. 그녀가 지나온 시간 전체를 케이크 한 판이라고, 이를테면 그녀의 할머니가 그녀에게 아침저녁으로 구워 주던 딸기 케이크라고 한 판이라고 한다면, 그녀는 그 조각을 어떻게 나누었는지 스스로에게 물어봐야만 했다.

자기도 모르게 그녀는 옛 연인 루벤을 떠올렸다. 루벤, 묵 직한 목소리와 아름다운 몸을 가진 남자. 가끔 착각하게 만들 때도 있었지만 그녀를 사랑하지 않는 게 분명했던 남 자. 그녀는 꽤 많은 집중력을 루벤에게 쏟았었다. 지난 몇 년간 그녀가 케이크의 커다란 조각을 그 멀끔한 떠버리에 게 갖다 바쳤음은 물어볼 것도 없었다. 하물며 그가 곁에 없을 때도 그녀의 신경은 그의 부재에 묶여 있었다. 소피아 는 침을 꿀꺽 삼켰다. 그건 루벤이 자신의 케이크를 억지로 차지한 것이 아니라, 자신이 줄곧 그에게 케이크를 갖다 바 쳤다는 뜻이기 때문이었다. 이 얼마나 수치스러운가! 소피 아는 아랫입술을 깨물며 고개를 내저었다. 그러는 동안 그 녀는 가족과 친구들에게도 점차 소홀해졌다. 인생의 관계 영역에서 그녀가 그토록 나쁜 점수를 기록한 데에는 의문 을 품을 여지가 없었다.

그다음으로 큰 케이크 조각은 일에 돌아갔다. 적어도 이 것만큼은 투자한 시간이 아깝지 않아 보였다. 일에서 그녀 의 자부심은 대단했다! 시간을 낭비할 가능성이 가장 큰 영역이었기 때문이다. 이메일만 해도 그렇다. 날마다 수백만 명의 사람들이 얼마나 많은 시간을 이메일에 빼앗기는지 떠올려 보라. 이건 비극일까, 희극일까, 아니면 반반일까? 각 이메일에 담긴 내용의 수준에 관해서는 아예 입을 다무는 편이 나을 것이다. 그녀는 수준 미달의 이메일을 읽을 때면 마크 트웨인이 다른 작가에게 쓴 글귀를 떠올렸다. "내게 시간이 더 많았더라면 당신에게 더 짧은 편지를 썼을 겁니다." 안타깝게도 요즘 사람들은 전송 버튼을 누르기 전에 혹시 상대에게 불필요하거나 불완전한 정보를 제공하는 건 아닌지 검토할 시간적 여유가 없다고 느끼는 것 같다. 또한 관련 없는 사람을 참조 목록에 집어넣을 때도 많다. 그 결과 아침부터 저녁까지 무수히 많은 회의가 잡힌다. 소피아가 자기 고객들에게 조직 내 회의 문화를 정기적으로 점검할 것을 권하는 데는 다 이유가 있다. 정말 이 회의가 필요했는지, 모인 참석자가 적정했는지, 혹시 안 해도 될 회의는 아니었는지를 수시로 점검하지 않으면 회의는 시간을 잡아먹는 하마가 된다.

실제 직업의 세계에서는 효율도, 효과도, 심지어 즐거움도 없는 활동을 해야 할 때가 무수히 많다. 그 탓에 사람들은 다른 곳에서 시간을 아껴야겠다고 결심하며 '멀티태스킹'을 선택한다. 그러나 두 가지, 혹은 그 이상의 업무를 동시에 처리할 수 있으리란 건 환상이다. 실제로는 뇌가 이 일에서 저 일로 넘어가는 속도가 빨라지게 되면 노동의 질이 떨어지고 불필요한 실수가 늘어난다. 이로써 절약한 시간은 모두 사라지고 다시는 되찾을 수 없게 되지만, 대부분은 너무 바쁜 나머지 그 사실을 눈치채지 못한다. 소피아는 다시 고개를 내저었다. 정말이지 말도 안 되는 상황이다. 그녀에게도 그럴 때가 있었다. 그런 점에서 경영 컨설턴트를 직업으로 삼은 건 그녀 자신에게 다행한 일이었다. 다른 사람들이 직장에서 시간을 효율적으로 사용할 수 있도록 코칭하는 것이 그녀의 임무이다 보니, 당연히 그녀 자신의 업무 루틴은 물론 중장기적 목표와 희망 또한 정기적으로 점검하게 되었다.

그녀는 다시 메모를 들여다보았다. 수면 시간을 제하고 나니 케이크가 이미 상당 부분 사라졌다. 그리고 남은 케이크 조각은 주로 쇼핑을 하거나, 넷플릭스나 여타 다른 화면을 쳐다보는 일에 돌아갔다. 그녀는 자기 자신을 돌보거나 새로운 환경에 적응하려 노력하는 대신 애써 딴전을 피우고 있었고, 이런 행동은 상황 개선에 아무런 도움이 되지 않았다. 어쩌면 균형 잡힌 시간 투자 전략은 보이기에만 그럴싸한 게 아니라 실제로 다른 결과를 불러올지 모른다! 그녀는 앞으로 나아가야 했다. 지금 필요한 건 오직 그것뿐이었다.

소피아는 한숨을 내쉬고 기지개를 켰다. 레오나르도에게서 기별을 받을 때마다 그녀의 머릿속에선 답이 아니라 질문이 샘솟았다. 물론 고객이 이런 상황에 부닥쳤다면 새로운 땅을 발견하는 것은 좋은 일이라고 훈수를 뒀을 것이다. 그녀는 빙긋 웃었다. 그리고 앞으로 누굴 가르치려 들거나 무언가에 대해 아는 체를 할 때는 좀 더 조심해야겠다고 생각했다. 마침내 그녀는 자리에서 일어났다. 일단은 생각을 좀 가라앉힐 필요가 있어 보였다.

소피아는 아침 식사를 계산한 뒤 아르바이트생과 몇 마디를 나누었다. 이름은 리암이고 시드니에서 교환 학생으로 베를린에 왔다고 했다. 소피아는 카페 문 앞에서 베를린 여행 책자를 펼쳤다. 한 달 전에 사 놓고선 거실 탁자 위에 방치했던 새 책이었다. 그녀는 자기가 서 있는 구역의 지도를 보면서 잠시 고민한 뒤 발걸음을 오른쪽으로 옮겼다. 영국에 살 때는 자전거로 도시를 누비길 참 좋아했었는데, 이토록 활기 넘치는 도시를 탐색할 생각을 왜 이제야 했을까. 그녀는 과거의 자신을 이해할 수 없었다.

긴 산책 끝에 브란덴부르크 문에 다다른 소피아는 지쳐서 보도에 털썩 주저앉았다. 그리고 세계 각국에서 온 관광객들이 지나가는 모습을 바라보았다. 그녀는 장벽이 무너지기 전 여기에 와 본 기억이 어렴풋이 나는 것 같았다. 하지만 어쩌면 그 기억은 진짜가 아닐지도 몰랐다. 당시 서독에 살던 그녀의 부모님은 어느 날 동베를린에 있는 할머니 댁을 방문하려 했었다. 하지만 당시 으레 그러했듯이 프리드리히 가에 있는 국경 검문소를 통과하지 못했고, 소피아는 부모님과 함께 침울한 기분으로 탱크와 철조망과 불길해 보이는 콘크리트 장벽을 따라 이 근처를 걸어갔던 기억이 있었다.

그리고 수십 년이 지난 지금 그녀는 다시 브란덴부르크 문으로 왔다. 요즘은 국경 통제가 언제 적 말이냐는 듯이 전 세계 사람들이 그 문 아래를 활기차게 오간다. 참혹한 전쟁의 상흔과 분단의 아픔, 그리고 통일로 인한 여러 문제에도 불구하고 베를린은 계속 앞으로 나아가고 있었다.

이 도시가 끊임없이 새로움을 만들어낼 수 있다면 그녀 또한 그럴 수 있지 않을까? 적어도 이번 한 번만이라도! 분명 할 수 있을 것이다.

소피아는 베를린 위로 펼쳐진 하늘을 올려다보았다. 마치 그곳에서 동아줄이 내려오길 기다리는 사람처럼 하늘을 바라보는 그녀의 입꼬리가 올라갔다. 그녀는 레오나르도의 다음 편지와 그녀 앞에 펼쳐질 미래에 대한 설렘으로 웃고 있었다.

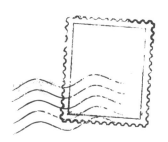

레오나르도의 네 번째 편지

우리의 건강

"건강에 시간을 쓰지 않는 사람은
나중에 병으로 많은 시간을 쓰게 된다."

세바스티안 크나이프 Sebastian Kneipp

친애하는 소피아,

오늘도 햇살 가득한 산타바바라의 아침이 밝았습니다. 하늘에는 크고 흰 구름이 두둥실 떠다닙니다. 나는 오늘도 주어진 시간에 감사하는 마음으로 바다를 바라봅니다. 물론 그새 당신도 내가 하는 이런 말에 익숙해졌겠지요. 거짓말을 보태지 않고 나는 당신에게 보내는 편지 전부를 테라스에서 보이는 절경에 대한 묘사로 시작할 수도 있어요. 이 아름다움을 맑은 정신으로 만끽할 시간이 내겐 얼마 남지 않았어요. 그래서 이 상쾌한 바다 향과 지구의 환상적인 부분을 최대한 마음 깊이 간직하려 애쓰고 있답니다. 나와 바바라는 사는 동안 바닷가에 사는 기쁨을 원 없이 누렸어요. 혹시 당신이 두 눈으로 이 풍경을 보는 날이 온다면, 그 곁에 나도 있었으면 좋겠습니다. 비록 일어나기 힘든 일일지라도 마음으로 간절히 바라봅니다.

어제 나는 산타바바라 종합 병원 심장외과에서 진료를 받았어요. 의사로부터 내 심장이 다시금 규칙적으로 뛴다는 소식을 듣고선 한시름 놓았답니다. 사실 회복이 몸으로도 느껴져서 충분히 계획을 실행할 수 있겠다는 자신이 들어요. 다만 더는 시간을 허투루 흘려보내지 않겠다는 생각에 조급해지는 것은 어쩔 수 없는 일인가 봅니다.

그래서 곧장 '인생의 5대 계좌' 중 첫 번째인 건강에 대해 설명해 보려 합니다. 우리는 매 순간 신체 상태에 영향을 받습니다. 하지만 매번 의식하진 못하죠. 몸 상태가 좋지 않거나 피곤하거나 지쳐 있으면, 깨닫지 못한 새 우리 눈에 비친 세상은 어두워지고 생각과 감정도 희미해집니다.

물론 반대의 경우도 가능합니다. 몸이 건강하고 힘이 넘칠 때는 별다른 이유 없이 긍정과 기쁨과 행복감이 샘솟아 온종일 유지됩니다. 하지만 건강의 의미는 단지 기분이 좋은 것 이상이지요. 인생은행에서 건강이라는 계좌가 바닥나면 우리는 파산하고 말아요. 예외는 없어요. 건강에 관해 철학자 쇼펜하우어가 한 말이 딱 맞습니다. "건강이 전부는 아니지만 건강 없이는 모든 것이 무의미하다."

그러므로 인생은행의 은행장으로서 당신에게 간곡히 당부합니다. 이 계좌를 너무 오래 등한시하면 안 됩니다. 이 분야에서 너무 심한 적자에 빠지면 다른 모든 것이 위험해집니다. 물론 우리 모두가 아는 사실이에요. 하지만 모두가 아는 대로 실천하지는 않지요.

내 아내는 그 점에 주목하여 사람들이 좀 더 건강에 신경 쓰도록 도울 방법을 고민하는 일에 인생을 바쳤지요. 이 대목에서 당신은 분명 그 까닭이 궁금할 거예요. 나 역시 한참이나 그 이유를 고민했으니까요. 인생에는 결정적 순간이나 운명적인 사건이 있기 마련이지요. 비록 한 순간 혹은 한 사건이지만, 그 사람에게 지속적으로 작용하여 우리를 점차 어떤 사람으로 만들어 간답니다. 의식하지도 못하는 새에 우리의 생각과 감정, 그리고 결정이 그 사건이나 순간에 의해 좌우될 때도 많아요. 그런 점에서 일찍이 부모님을 여읜 바바라는 평생 그 그늘 아래 살았어요. 그녀는 겨우 열일곱 살에 어머니를 잃었어요. 그녀의 어머니는 집에서 계단을 오르다가 심장 마비로 세상을 떠나셨어요. 그리고 불과 몇 달 후, 그녀의 아버지마저 중증 당뇨병의 합병증으로 숨을 거두셨습니다.

그때 그녀는 세상이 무너진 기분이었을 겁니다. 부모의 장례식을 연달아 치른 직후에도 바바라는 고등학교를 졸업했고, 우수한 성적으로 대학에 입학했으며, 캘리포니아에서 가장 우수한 의대를 장학생으로 수료했습니다. 졸업 후에는 산타바바라의 한 개인 병원에서 일반의로 일하기 시작했지요. 우리가 샌프란시스코에서 처음 만난 건 그녀가 전문의가 된 지 일 년 남짓 후였어요. 그때부터 그녀는 자기 삶을 의학과 환자에게 바치겠다고 마음먹었고, 그 결심은 눈으로 보일 정도로 확고했어요.

처음에 나는 뉴욕을 떠나기 어려울 거라 생각했지만 금세 마음을 바꿨고, 산타바바라로 거처를 옮겨 우리 관계에 기회를 주기로 결심했습니다. 산타바바라는 아름다운 해안 풍경이 이탈리아의 연안과 사뭇 닮은 데다가 이탈리아계 이민자들이 많아 '미국의 리비에라'라고 불립니다. 나는 그곳으로 이사하면서 이탈리아의 내 뿌리와 다시금 연결될 기회가 생기진 않을까 기대했지요. 태평양을 마주하고 산타이네즈 산맥에 둘러싸인 산타바바라의 그림 같은 풍경은 예나 지금이나 그대로지만, 그때는 한적했고 집값도 저렴했습니다. 물론 당시에도 어디 레스토랑에 할리우드 스타가 출몰했다는 소문이 돌곤 했지만요. 나는 그간 모은 돈만으로도 바닷가의 작은 집 한 채를 살 수 있었어요. 연애 초기에 우리는 꽤 특이한 커플로 보였을 거예요. 주말이면 나는 넥타이를 풀고 편안한 옷을 입었고, 보헤미안 스타일의 바바라 역시 전도유망한 의사로는 보이지 않았을 테니까요. 우리는 관점과 가치관이 비슷했어요. 우리는 젊었고 서로를 사랑했으며, 각자 맡은 일에 열정을 바쳤고 함께 이룬 것에 만족했습니다.

하지만 인생은 한결같지 않지요. 소피아, 당신에게도 분명 비슷한 경험이 있으리라 생각해요. 완벽했던 신혼이 지나자 우리에게도 서서히, 그리고 뚜렷하게 변화가 찾아왔습니다. 어느 날 함께 해변을 산책하던 중 바바라가 솔직한 속내를 털어놓았어요.

"나는 세계에서 가장 우수하다고 알려진 의대를 졸업했는데도 솔직히 말해서 내 환자들을 도와줄 방법을 하나도 모르는 것 같아."

"그게 도대체 무슨 뜻이야?"

"알고 보면 나도 '약장수'에 지나지 않는다는 뜻이야, 레오나르도."

나는 멍한 얼굴로 그녀를 바라보았어요. '약장수'라는 단어와 한껏 무게를 잡은 말투 때문에 잠시 웃기까지 했지요. 하지만 그녀는 진지했습니다.

"진심이야. 직업적으로 나는 병을 진단하고 환자들의 증상에 알맞은 약을 처방하도록 훈련되었어. 내가 그 일을 잘하는 건 확실해. 하지만 웬지 떳떳하지가 않아."

대화하는 사이 해가 기울고 해변은 한산해졌습니다. 우리는 얕은 물에 발을 담그고 부두까지 걸었지요.

"내가 지금까지 살면서 혹시 내 부모님이 더 좋은 약, 혹은 더 많은 약, 아니면 다른 약을 썼더라면 지금까지 살아 계시지 않았을까, 이런 질문을 얼마나 자주 했는지 당신은 모를 거야. 수십 년간 증상을 억제하는 약만 처방했던 의사들이 부모님이 불편해하는 원인을 찾으려 했다면 상황은 달라지지 않았을까?"

나는 아내가 무슨 말을 하는지 알 수 있었어요. 그녀가 평생 일찍 부모님을 여읜 아픔을 안고 산다는 것도 알았고, 자기 일에 진심인 그녀의 모습에 항상 감탄하고 있었죠. 그래서 나는 혹시 대학에서 좀 더 공부하길 원한다면 물심양면으로 돕겠노라고 말했지요.

바바라는 주저하더군요.

"같은 일을 하면서 다른 결과를 바라는 건 광기라고 아인슈타인이 말했잖아. 혹시 내가 지금 그런 상태는 아닐까?"

그녀는 걸음을 멈추고 한동안 바다를 바라봤어요. 등을

돌린 채 말해서 내겐 그녀 목소리가 어렴풋하게만 들렸습니다.

"내가 졸업한 명문 의대에서 강의하는 사람 중에는 이나라에서 내로라하는 인재들도 있었어. 나보다 훨씬 똑똑한 사람들이지. 하지만 나는 내가 구하는 답을 그곳에서 얻게 되리라 생각하지 않아. 일단 답을 찾으려면 무슨 질문을 해야 할지도 모르는걸."

그녀는 한숨을 내쉬었고 우리는 묵묵히 해변을 따라 걸었습니다.

그 대화로부터 몇 달 지나지 않아 바바라는 그녀가 일하던 병원 원장에게 면담을 신청했어요. 원장은 몇 달간 무급휴가를 줄 테니 자기 계발의 시간을 가진 후 돌아오라는 의외의 제안을 했지요. 휴직은 반가웠지만, 그녀는 그 시간을 무엇을 위해 어떻게 활용하고 어떤 방향으로 나아가야할지 전혀 몰랐어요. 확실한 답을 찾기 위해 수없이 많은 학술지와 논문집을 읽었고 산타바바라와 로스엔젤레스의 도서관을 뒤지며 의학계 동료들과 대화를 나누었지요. 그러던 어느 날, 아무 기대 없이 간 파티에서 그녀는 마침내답을 찾았습니다. 내 직장에서 전국적인 프로젝트의 성과를 축하하는 파티였죠.

사실 그런 행사가 있을 때마다 바바라는 마지못해 따라 나서는 편이었어요. 앞서 말했다시피 그녀는 금융계를 그리 좋아하지 않았으니까요. 그날 저녁 느지막이 은행의 최고 경영자가 우리 테이블로 다가왔을 때, 나는 그녀가 잡담할 기분이 아니라는 걸 눈치챘어요. 직업이 무엇이냐는 그의 질문에 그녀는 느닷없이 서양 의학에 대한 비판을 늘어놓았습니다. 마치 서양 의학이 잘못된 것이 그의 잘못인 것처럼 말이지요. 나는 초조함에 애꿎은 와인 잔만 들었다 놓았습니다. 하지만 다행히도 그는 격식에 어긋난 그녀의 태도에 아랑곳하지 않고서 친절하게 반응했어요.

"바바라, 당신에게 내 친구 아론을 소개하고 싶네요. 그 친구는 현재 예루살렘에서 보건학 교수로 재직 중입니다. 좀 멀긴 하죠. 하지만 두 사람, 공통점이 아주 많아 보여요."

그는 잠깐 쉬었다가 계속 말했습니다. "2주 후에 아론이 연로한 부모님을 뵈러 뉴욕에 옵니다. 내가 두 분 사이에 다리를 놓아 줄 수 있을 것 같군요." 그리고 갑자기 웃음을 터뜨렸어요. "하지만 먼저 경고할 게 있어요. 아론은 약간… 대안적인 길을 가는 친구입니다. 일단 만나보면 무슨 말인지 이해할 거예요."

순간 나도 모르게 웃음이 터졌습니다. 바바라가 그런 걸 신경 쓸 사람이 아니라는 걸 누구보다 잘 알았기 때문이죠. 나는 사랑스러운 내 아내를 쳐다보았습니다. 그 푸른 눈은 열정으로 빛나고 있었고, 그래서 나 또한 행복했지요. 그날 저녁은 기대 이상이었고, 얼마 지나지 않아 우리는 최고 경영자가 허튼소리를 하지 않았다는 걸 알 수 있었습니다.

정확히 2주 후 저녁, 우리 집 전화벨이 울렸습니다. 아론 안토노브스키Aaron Antonovsky 교수의 전화였어요. 그는 바바라와 긴 통화를 한 뒤, 미국에서 일반의로 일한 경험을 발표해달라며 예루살렘에서 열리는 통합 의학 학회로 그녀를 초대했어요. 애초에 브루클린에 사는 의사 부부가 연단에 설 예정이었는데 피치 못할 사정으로 일정을 취소했다고 했지요. 바바라와 나는 서로를 바라보며 빙긋이 웃었습니다. 우리가 그런 기회를 지나치지 않는다는 것을 서로 잘 알았기 때문이죠.

얼마 지나지 않아 우리는 예정에 없던 이스라엘행 비행기에 올랐습니다. 체류 기간 동안 우리 앞에는 비현실적이다 못해 초현실적인 일정이 펼쳐졌지요. 우리는 꿈에도 생각지 못한 장소에서 다른 사람이 정해 놓은 일정을 대타로 따라

다니는 게 얼마나 신나는 일인지를 그제야 알게 되었어요. 우리가 브루클린 부부에게서 넘겨받은 것은 비단 통합 의학 학회의 연단만이 아니었습니다. 그들이 초 단위로 짜놓은 관광 일정도 고스란히 넘겨받았죠. 우리는 우리 구미에 딱 맞게 계획된 일정에 놀라워하며 그 특별한 하루를 충실하게 즐겼습니다. 덕분에 숨 막힐 정도로 아름답고 흥미로운 나라인 이스라엘을 만끽할 수 있었죠. 고대 도시인 예루살렘의 거리를 거닐고, 통곡의 벽을 휘둥그레 쳐다보고, 이국적인 박물관을 둘러보면서 우리는 시대를 오가는 시간 여행을 했지요. 사해에서 아이처럼 물장구치다가 진흙 목욕을 하고 나왔을 때는 피부가 몇 년이나 젊어진 것 같았어요. 그리고 텔아비브의 환상적인 거리를 걸으며 세상에서 가장 맛있는 팔라펠과 다양한 이국적인 요리를 맛보는 것으로 여행의 대미를 장식하고 나니, 마치 우리가 꿈의 나라에 초대된 귀한 손님처럼 느껴졌어요. 그곳은 우리가 이전에 알던 곳과는 완전히 다른 세상이었습니다. 그리고 이것은 시작에 불과했지요. 시간이 지나 돌이켜 보면, 그곳에서 얻은 다채롭고 새로운 인상은 우리의 삶에 오래도록 깊은 영향을 미쳤습니다.

이스라엘에 도착한 지 며칠 후, 우리 여행의 원래 목적이었던 학회가 예루살렘 대학교에서 열렸습니다. 그곳에서 아론과 그의 팀은 건강이라는 주제를 놓고 기존과는 완전히 다른 방식의 연구를 진행하고 있었죠. 바바라와 나는 학회의 분위기와 참석자들의 가치관, 그리고 질문 자체에 의미를 부여하는 진행 방식에 완전히 마음을 사로잡혔습니다.

"올바른 질문을 던지는 것보다 더 효과적인 연구 방법은 없습니다." 아론은 몇 번이고 이렇게 말했습니다. "질문은 모든 것을 바꿀 수 있어요. 반면에 아무리 똑똑한 대답이라도 우리가 새롭고 종합적인 시각을 획득하기에는 오히려 방해가 될 수도 있고요."

당연히 회의는 일련의 질문들로 시작되었습니다. 정통 의학이 제대로 주목하지 않는 관점에서 비롯된 질문들이었죠. '건강은 어디서 생겨나는가? 우리는 그 비결에 대해 무엇을 알고 있는가? 건강을 저해하는 모든 요소를 제거한 상황에서도 사람이 병에 걸리는 이유는 무엇인가? 우리는 그 상황에 관한 연구를 얼마나 철저하게 수행했는가? 신체적으로나 정신적으로 쾌적한 환경에서 살지 않아도 건강한 사람들에게는 어떤 요인이 작용한 것인가? 어째서 우리는 이 중요한 질문들을 이토록 소홀히 다루는가?'

우리는 아론의 명석한 두뇌와 카리스마에 감탄을 금치 못했습니다. 세계 각국에서 온 청중들은 저마다 견해가 달랐지만, 아론의 전문 지식과 개방성과 편견 없는 호기심에 매료되었다는 점에서는 모두가 하나였지요. 바바라도 예외는 아니었어요. 그녀는 일찍 부모님을 여읜 트라우마를 수십 년째 일로 승화하고 있었지요. 다른 사람들이 자기 가족과 같은 불운을 겪지 않도록 최선을 다하는 것이 그녀 인생의 과제였어요. 의대를 다니는 동안 그녀는 수많은 질병들의 이름과 증상, 생화학적인 진행 과정과 파괴적인 힘을 공부했어요. 그리고 어떤 질병을 억제하기 위해서 어떤 약을 처방해야 하는지도 배웠지요. 하지만 부모님께 닥쳐왔던 불행을 어떻게 하면 막을 수 있었을 지에 관한 답은 여전히 찾지 못했습니다. 그녀의 부모님이 젊은 나이에 돌아가신 것은 오로지 타고난 기질과 유전자 때문이었을까요? 더 나은 약이 있었다면 그들을 살릴 수 있었을까요? 바바라에겐 확신이 없었지요. 그러나 아직 배울 게 더 있다는 점만은 확실히 알고 있었어요. 그리고 그녀는 새로운 환경에서 영감을 얻어 바로 배우기 시작하였지요.

학회 닷새 동안 그녀는 그간 자신의 눈을 가리고 있던 안대가 벗겨지는 기분을 느꼈어요. 자신이 환자들과 맺어온 관계의 한계를 깨닫고, '살루토제네시스Salutogenesis'라는 새로운 모델에 관해 배우게 되었죠. 건강과 안녕을 뜻하는 라틴어인 '살루스'와, 근원을 뜻하는 그리스어 '제네시스'를 조어한 새로운 개념입니다. 정통 의학적 접근 방식의 바탕이

자 질병 연구에 집중하는 '병인론'과는 반대 선상에 있지요. 날이 갈수록 바바라는 이 두 접근 방식의 미묘하고도 결정적인 차이를 알아차리게 되었고, 어느 쪽을 선택하는지에 따라 건강에 대한 전혀 다른 통찰과 이해로 이어질 수 있음을 깨달았습니다.

아론은 복수의 대규모 연구를 통해 나치 강제수용소 수감자 중에도 그 참혹한 환경에서 신체와 정신의 건강을 완전히 잃지 않은 이들이 있다는 사실을 밝혀냈어요. 그들에겐 끔찍한 경험을 정신적으로 어느 정도 소화하고 신체적으로 회복할 수 있는 내적 자원이 있었습니다. 이러한 깨달음을 바탕으로 아론은 전 세계에서 온 학자들에게 사람들이 더 건강하고 행복한 인생을 사는 것에 도움을 주는 요인을 연구하라고 독려했어요. 그는 우리 모두는 매 순간 건강을 향해, 혹은 병을 향해 떠내려가고 있으며, 이는 우리가 신체 안팎의 자원을 어떻게 활성화하고 맞닥뜨린 내외부 환경을 어떻게 다루는지에 따라 달라진다고 보았지요.

그는 우리 중 어떤 사람에게 인생은 불편하고 험난하다 못해 곳곳이 지뢰밭이지만, 다른 어떤 사람에겐 5성급 호텔의 월풀 욕조 같다고 설명했어요. 유전적으로 유리한 형질을 물려받은 사람이 있는 반면, 유전적 형질을 장애물처럼 극복하며 살아야 하는 사람도 있다는 뜻이었지요. 하지만 다행스럽게도 우리 각자의 건강 상태는 외부 환경이나 유전적 형질에 의해 좌우되는 게 아니라고 몇 번이고 강조했습니다. 인생이라는 강을 헤엄치는 모든 사람은 저마다의 특성을 유지한 채로도 환경에 긍정적으로 반응할 수 있어요. 자기 인생을 있는 그대로 받아들이고 상황마다 최선을 다하는 사람들은 성공적으로 건강해질 수 있었죠. 그들은 신체 안팎의 자원을 활용하여 직면한 도전에 당당하게 대응하는 법을 알고 있었습니다. 자신의 주장을 폭넓은 연구로 실증해 낸 안토노브스키 교수의 눈은 형형하게 빛나더군요. 그리고 제 아내는 그의 발표에 마음을 사로잡혔습니다. 그녀의 무의식이 오랫동안 찾아다닌 것이 바로 그 안에 있었기 때문이에요.

x⁺

소피아, 나는 그 새로운 관점이 얼마나 혁신적인지를 가늠할 깜냥이 안 되었어요. 하지만 아내는 그날 이후로 모든 것이 변했습니다. 예루살렘 학회에 다녀온 후로 그녀는 의학에 대한 자신의 접근 방식을 근본적으로 바꾸었어요. 살루토제네시스의 개념에 따라 그때부터 그녀는 사람들을 병에 걸릴 때까지 놔두는 것이 아니라, 그들이 인생의 강에서 더 힘차게 헤엄칠 수 있도록 도우려 했습니다. 그녀는 자신의 노력이 사람들에게 유익하길 기대했고, 점차 건강으로 가는 길이 그리 복잡하지만은 않다는 확신을 갖게 되었어요. 현재 불필요한 고통을 받고 있는 수백만 명의 환자들이 각자의 생활 방식을 자신의 몸 상태와 유전적인 필요에 맞추기만 하면 금세 호전될 수 있으리라 믿었지요.

그로부터 몇 년간 바바라는 건강을 세우고 유지하는 일에서 기초가 되는 기둥들에 관한 특별한 프로그램을 개발했어요. 그것들에는 각각 '닥터 영양', '닥터 운동', '닥터 수면', '닥터 휴식'이란 이름이 붙었지요. 거기에 건강의 감정적 및 정신적 요소를 뜻하는 '닥터 행복'이 추가되어 모두 다섯 개의 기둥이 완성되었습니다.

처음에는 직관에 의존하여 프로그램을 개발하던 바바라는 금세 이 '닥터들'이 서로 손을 맞잡고 협력할 때 놀라운 결과를 얻을 수 있다는 사실을 깨달았어요. 최근에는 이 건강 증진법의 효력을 뒷받침하는 수많은 과학적 연구가 전 세계에서 발표되고 있습니다. 어제도 나는 의학지에서 우리의 건강을 결정하는 요소 중 10%만이 유전적 형질이며, 나머지 90%는 우리가 매일 영위하는 생활에 달려 있다는 분석 결과를 읽었지요. 연구에 따르면 현대의 모든 주요 질병, 즉 암, 심혈관 이상, 당뇨, 치매는 식습관 및 운동과 밀접한 관련이 있습니다. 우리가 무엇을 먹고 얼마나 움직이느냐에 따라 그날그날의 신체적·감정적 안녕이 달라져요.

여행에서 영감을 얻은 바바라는 식단을 중동이나 지중해식으로 바꾸었어요. 이스라엘에서 돌아온 뒤부터 우리는 저녁마다 간단하면서도 건강하고 맛있는 요리를 준비했습니다. 요리는 우리 사이를 더욱 친밀하게 만드는 취미가 되었지요. 우리의 식탁에는 채소와 샐러드, 여러 가지 과일과 생선, 렌틸콩과 병아리콩, 견과류, 고품질의 단백질, 엑스트라 버진 올리브 오일이나 아보카도 오일 같은 건강한 지방, 그리고 다양한 향신료로 조리된 각국의 음식이 올랐습니다.

바바라는 환자들에게도 자신의 식사법을 권했어요. 더불어 물을 많이 마시고 설탕과 알코올, 가공식품을 꾸준히 멀리하는 것이 중요하다고 강조했지요. 실제로 그 결과 그녀의 환자 중 다수가 먹던 약의 용량을 줄일 수 있었고, 심지어 그중에는 정통 의학에서는 불치병으로 여기는 만성 질환에서 회복된 환자도 있었습니다.

그리고 바바라는 모든 환자에게 운동 프로그램을 처방했어요. '우리 몸은 움직이도록 설계되었다'는 것이 그녀의 지론이었습니다. 그러나 현실은 다르지요. 비극적이게도 많은 사람들이 하루의 대부분을 앉아서 보내고, 보통은 아침에 일어나면서부터 그 시간이 시작됩니다. 우리는 아침 식사를 식탁에 앉아서 하고, 차에 앉아서 출근하고, 책상 앞에 앉아서 일하거나 회의하고 통화하지요. 점심과 저녁 식사 중에도 앉아 있고, TV를 보거나 잠자기 전 인터넷 서핑을 할 때도 앉아 있어요. 그리고 이 모든 것이 우리 건강에 치명적인 영향을 미칩니다. 하지만 많은 연구들이 적당한 양의 운동만으로도 큰 차이를 만들어낼 수 있음을 증명했어요. 매일 30분에서 1시간 정도 빠르게 걷고, 집에서 몇 가지 근력 운동과 스트레칭을 하며, 주 3~4회는 일상적인 동작을 숨이 찰 정도로 빨리하면 신체의 회복력을 높이는 것에 큰 도움을 받을 수 있어요.

바바라의 프로그램에서 세 번째 기둥은 수면입니다. 수면만큼 우리의 신체적·정신적 건강에 긍정적으로도, 부정적으로도 영향을 미칠 수 있는 행위는 없습니다. 시간이 흐르면서 바바라는 유명 신경과학자이자 수면연구자가 개발한 5단계 숙면 전략을 자기 생활에 적용하였어요. 나 역시 오늘까지도 이를 실천하려고 노력하고 있지요.

① 하루의 주기적 리듬에 긍정적인 영향을 주기 위해 잠에서 깨자마자 햇빛을 쬔다.

② 적절한 시점에 코르티솔Cortisol 수치를 높이기 위해 아

침에 10분 가벼운 운동을 한다.

③ 하루에 걸쳐 충분히 몸을 움직인다. 가능하다면 하루에 1만 보를 걷는 것이 좋다.

④ 잠들기 2시간 전부터는 밝은 빛과 전자기기 화면을 멀리한다.

⑤ 침대에 누워서 깊게 복식 호흡을 한다. 들이마시는 숨보다 내쉬는 숨을 길게 하도록 집중한다.

바바라는 환자들에게 일상에서 휴식과 이완 시간을 늘려 갈 방법을 고민하라고 권했습니다. 충분한 휴식을 취한 사람은 신체 능력도 좋아진다고 강조했지요. 유독 그 조언이 기억에 남더군요. 왜냐하면 정작 아내는 휴식이나 이완을 신경 쓰지 않는 것처럼 보였으니까요. 참고로 말하자면 바바라가 '닥터 행복'과 '닥터 휴식'이 정신적·정서적·신체적 건강에 미치는 영향에 관해 구체적으로 파고든 건 인생의 후반기에 접어들면서예요. 그래서 이 주제는 따로 떼서 편지를 한 통 쓸 생각입니다.

바바라의 환자들은 그녀가 이스라엘 여행 후 적용하기 시작한 새로운 접근법의 효과를 당장 체감할 수 있었어요. 강한 의지를 갖고 그녀의 지시를 규칙적으로 따른 환자들은 실제로 기적적인 치유를 경험했지요. 결코 과장이 아니에요! 도널드와 힐러리 부부는 불과 몇 달 만에 여러 가지 만성 질환을 거의 완치했답니다. 심지어 도널드는 승진해서 가족이 이사를 했고, 자녀들을 더 좋은 학교에 보낼 수 있게 되었어요. 미국에 사는 부모라면 '더 좋은 학교'라는 대목에서 눈이 번쩍 뜨이겠죠. 그런 소식이 들릴 때마다 바바라는 매우 기뻐했어요. 그게 바로 그녀가 의학을 공부한 이유였으니까요.

하지만 솔직히 말해 그녀의 혁신적 패러다임을 받아들인 환자는 소수에 불과했습니다. 대부분은 받아들이려 하지 않았죠. 기대했던 것과 다른 조언을 들은 환자들은 바바라를 비난했고, 환자를 대하는 그녀의 태도가 위압적이라고 생각했습니다. 역설적으로 그녀가 다른 의사들처럼 일반적인 약을 처방했을 때는 그런 불만이나 이의 제기 없이 받아들였죠. 아마도 전통 의학적 접근 방식의 가장 큰 매력은 환자들이 그걸 효율적으로 느낀다는 점일 거예요. 의사를 찾아가서 약을 처방받고 받아온 약을 꼬박꼬박 먹는 일은 시간과 노력이 많이 들지 않고 생활 방식을 바꿀 필요도 없으니까요. 하지만 바바라가 제안한 새로운 접근법을 따르려면 자신의 태도와 생활 방식을 바꾸어야 하고, 그를 위해선 엄청난 의욕이 필요했습니다. 그래서 바바라는 환자들을 효과적으로 돕기 위해서는 좀 더 합리적이고 좀 더 섬세한 방식으로 그들과 소통해야 한다는 사실을 깨달았어요.

"초대받은 손님이 집에 들어오자마자 벽지나 가구 배치에 대해 이러쿵저러쿵해선 안 되는 법이에요!" 어느 날 병원에서 돌아온 그녀가 다짜고짜 내게 삿대질하며 이렇게 말하더군요. 나는 그게 환자에게서 들은 말이라는 걸 알아챘죠. 그래서 고개를 절레절레 저으며 "무슨 말인지 알겠어요. 한번 고민해 볼게요."라고 응수했습니다.

농담처럼 주고받은 말이지만 우리 둘은 그 말에 담긴 진실을 알고 있었어요. 비록 좋은 의도이긴 했으나 내 아내는 환자들을 통제하려 할 때가 많았고, 그럴 때마다 환자들의 내면에서는 학습과 행동, 그리고 동기 부여에 대한 방어 기제가 작동했던 것 같아요. 약을 처방할 때는 그런 방식이 효과적이었지만, 더는 환자들에게 지침을 주고 그들이 즉각 실천하기를 기대할 수는 없다는 뜻이었지요. 바바라는 환자들에게서 진정한 공감을 살 수 있는 소통법을 찾아내야 했어요. 환자들이 다른 인생, 즉 활기차고 건강한 인생을 사는 자신의 모습을 떠올릴 수 있도록, 그리하여 자신이 원하는 바를 이룰 수 있도록 안내하는 임무가 새로 생긴 거죠. 바바라는 변화를 바라는 사람들이 목표를 달성할 수 있도록 좀 더 섬세하고 미묘하게 도울 수 있는 방식을 알아내려 했습니다. 그러던 중 영국인 동료에게 주옥같은 조언을 들었지요. "일단 관계를 맺어, 가르치는 건 그다음이야." 바바라는 관계를 구축한 다음 정보를 제공하라는 동료의 제안을 환자와의 관계에 적용하려고 노력했습니다.

소피아, 어느덧 날이 저물고 오늘치 제 작업량도 채워진 것 같습니다. 끝으로 덧붙이고 싶은 말이 한두 가지 있어요. 앞서 말했다시피 나는 우리의 건강을 인생은행에 개설된 하나의 계좌로 여깁니다. 우리는 매일 그 계좌에 입금하거나 출금하고, 그 결과 우리의 건강은 흑자 혹은 적자 상태가 되지요. 때론 우리가 의식하지 못한 새에 그런 일이 일어나기도 해요. 만약 우리가 건강을 빼내어 쓰기만 하고 채우지 않으면 만성 적자 상태가 됩니다. 활기를 잃고, 쉽게 피곤해지고, 스트레스가 쌓이고, 인내력이 줄어들고, 통증을 느끼거나 만성 질환이 생기는 것이죠. 어떤 사람에겐 이런 과정이 무척 빨리 진행됩니다. 반면 다른 사람에겐 서서히 쌓인 적자가 산더미 같은 빚이 된 다음에야 증상으로 드러나지요. 그 시기가 이르든 늦든 결국은 계산을 치러야 하고, 적자를 해소해야 합니다. 꼭 의사가 아니라도 스스로 자기 상태를 점검할 수 있어요. 너무 오랫동안 건강 계좌가 적자 상태에 머물러 있으면 삶의 전반적인 질이 급격히 하락하는 원치 않는 결과를 마주하게 될 거예요. 은행가로서 조언하자면 이 인생 계좌에는 이자가 기하급수적으로 붙습니다. 이건 누구나 몸소 알고 있겠죠?

다음의 표는 바바라와 내가 이 계좌를 채우기 위해 노력한 내용을 정리한 것입니다. 그녀는 이 표를 냉장고 문에 붙여 두었어요. 퇴원한 후부터 나는 최대한 이 내용을 지키려 애쓰고 있습니다. 나는 이걸 임무라고 생각하지만 부담을 느끼지는 않아요. 그저 행복하고 건강하고 활기찬 생활을 유지하기 위해 최선을 다할 뿐입니다.

닥터 영양	닥터 수면

· 물 많이 마시기
· 채소와 과일 먹기
· 건강한 단백질과 건강한 기름 섭취
· 즐기고, 즐기고, 즐기자!
	· 기상 직후 일광욕하기
	· 잠들기 2시간 전에는 밝은 조명과 전
	  자 기기 화면 피하기
	· 잠자리에 누워서 들이마시는 것보다
	  길게 내쉬려고 노력하면서 깊게 심호
	  흡하기

닥터 여유	닥터 운동
· 요가, 마음챙김, 차 마시기를 아침 루 틴으로 하기 · 장난을 치고 많이 웃기 · 기쁨과 취미를 위한 시간 보내기	· 하루 1만 보 걷기 · 매일 요가나 체조하기 · 저녁에 스트레칭하기 · 주 2회 근력 운동하기

당신은 어떤가요? 만약 당신이 이 책의 계획과 집필에 동참하기로 마음먹었다면, 작업에 착수하기 전에 먼저 다음의 질문에 따라 당신의 건강을 살펴보는 시간을 가졌으면 좋겠습니다.

• 당신의 건강 상태는 어떻습니까? 당신의 전반적인 에너지 레벨을 1~10으로 표현한다면 어느 정도인가요?

- 매일 건강 계좌의 잔고를 늘리기 위해 시간과 관심을 투자하고 있나요?
- 혹시 마이너스 계좌는 아닌가요?

나처럼 존이란 이름을 쓰는 한 유명인은, "지붕을 수리하기에 가장 좋은 때는 해가 비칠 때다."라는 명언을 남겼지요. 마찬가지로 혹시 현재 당신의 건강 상태에 만족한다면, 지금이 바로 미래를 위해 계좌에 더 많은 것을 쌓을 기회입니다.

이 봉투 안에는 환자들이 자신의 건강과 매일의 에너지 레벨을 책임지도록 독려하기 위해 바바라가 만든 5가지 예시 질문이 들어있습니다. 혹시 필요하다면 수정해도 괜찮아요.

내 아내는 우리 몸의 설계자는 우리 자신이라고 입버릇처럼 말했어요. 그 점에 있어서 사람이 생각보다 짧은 시간에 많은 변화를 이룰 수 있다는 건 희소식이 될 테지요. 건강한 음식을 먹고, 운동과 수면과 휴식을 충분히 취하고, 바른 자세를 위한 노력을 석 달만 하면 우리는 완전히 새로워질 수 있어요. 우리 몸의 세포 하나하나가 재구성되기까지 석 달이면 충분합니다.

오늘은 여기까지! 이만하면 인생은행의 첫 번째이자 가장 중요한 계좌가 어떤 의미인지를 충분히 살펴본 것 같군요. 당신 안에서 인생의 이 영역에 시간과 관심과 진심을 투자하고자 하는 마음이 일어난다면 좋겠어요.

이어질 편지에서는 '인생의 5대 계좌' 중 두 번째 계좌인 우리의 '정신'에 관해 알아보겠습니다. 바바라는 의사로서 경륜을 쌓아갈수록 환자들의 심리적 요소가 치료에서 중요한 역할을 한다는 사실을 분명히 깨달았고, 이 부분을 더 깊이 이해하고자 했어요. 그 과정에서 우리 삶에도 2막이 열렸지요. 히말라야 인근의 작고 아름다운 장소에서 우리에게 있었던 일을 얼른 당신에게 들려주고 싶군요.

다음번 편지가 당도할 때까지 부디 건강하길!

존경을 담아,
당신의 레오나르도

6장
유혹

"넘치는 것만큼 기쁨을 방해하는 것도 없다."

미셸 드 몽테뉴 Michel de Montaigne

"차 한 잔 더 하시겠어요?"

소피아는 멍한 눈으로 말했다. "네, 감사합니다."

레오나르도의 편지에 흠뻑 빠져있던 그녀는 금세 현실로 돌아오지 못했다. 영국에서 넘어온 지 불과 몇 주 만에 베를린에 있는 영국식 찻집을 찾은 그녀는 자기가 지금 어디에 있는지조차 헷갈렸다. 하물며 종업원까지 옥스퍼드 억양으로 말을 걸어와 혼란은 더욱 심해졌다. 소피아는 초록색 소파에 등을 기댔다. 현지인 중에서도 베를린 도심에서 한참 동떨어진 이 후미진 구석에 갈대로 지붕을 엮은 작은 찻집이 있다는 것을 아는 사람은 많지 않은 듯했다. 이 완벽한 영국식 찻집에 다만 한 가지, 화로가 없는 게 아쉬웠다. 장작불까지 있었다면 제대로 영국 분위기였을 텐데. 아쉬움으로 두리번대던 그녀의 시야에 맞은 편 멀리 영국식 벽난로가 들어왔다. 그제야 소피아의 얼굴에 만족의 미소가 어렸다.

소피아가 받은 찻잔에는 꽃차가 담겨 있었다. 그녀는 잔 안에서 대가의 작품처럼 펼쳐지는 꽃잎을 보고 감탄했다.

처음으로 레오나르도의 편지들에서 진짜 책을 만들 수 있을 만한 윤곽이 보였다. 그녀가 작가로서 지금까지 다뤄 본 글과는 전혀 달랐지만, 완성도 면에서는 나무랄 데가 없었다. 그녀가 할 일은 제각각의 편지가 유기적으로 엮일 수 있는 틀을 만드는 것이었다. 구체적인 작업 방향에 관한 실마리는 잡히지 않았으나 그녀는 과정 자체를 즐기기로 결심했다.

오늘은 일단 당장 받은 과제에 대해서만 생각하기로 했다. 그녀는 찻잔을 조심스레 받침에 올려놓고 레오나르도가 편지에 동봉한 '에너지 체크리스트'를 살펴봤다. 그녀는 각 문항을 신중하게 읽고 최선을 다해 표를 채우기 시작했다.

지난 3달간의 평균 에너지 레벨을 1~10까지 숫자로 표현하세요. (1=완전 방전, 10=완전 충전)	☹ ☹ ☹ ⊗ ☺ ☺ ☺ ☺ ☺ ☺ 1　2　3　4　5　6　7　8　9　10 · 에너지 거의 없음. 항상 피곤함. 종종 두통 있음. 꾸준한 체중 증가. 걸어서 도시를 구경할 만한 체력도 없음. 젠장!
3개월 후 어느 정도의 에너지 레벨에 도달하고 싶나요?	☹ ☹ ☹ ☹ ☺ ☺ ⊗ ☺ ☺ ☺ 1　2　3　4　5　6　7　8　9　10 · 2년 전으로 돌아가고 싶음. 하지만 비현실적인 목표겠지. 그래도 좀 더 활기차고 튼튼해졌으면 좋겠고 건강한 체중을 회복하고 싶다.
목표 달성에 닥터 영양, 닥터 운동, 닥터 휴식, 닥터 수면은 어떤 도움을 줄 수 있나요?	· 식단의 변화 필요. · 다시 규칙적으로 걷기 시작했고 전기 자전거도 타고 있음. 아침마다 간단한 운동하기! · 일찍 잠자리에 들기. 화면 보는 시간 줄이기. · 휴식…은 어떻게 하는 건가요?
건강 계좌의 잔고를 늘리지 못하는 당신의 '변명'은 무엇인가요?	· 운동하거나 건강한 음식을 챙겨 먹기에는 삶이 너무 고단하다. 날씨도 꿀꿀하다. 오늘은 그냥 쉬고 내일부터 다시 시작하자. 어차피 다 부질없어. 이게 다 루벤 때문이야!'
건강을 해치는 결정을 내릴 때 정확히 어떤 기분과 생각이 드나요? 직접 관찰해서 적어 보세요.	· 좋은 질문이군! · 다음 주부터… 아니, 당장 오늘부터 관찰해보겠어. 매일 메모하자. 다짐!

소피아는 체크리스트 작성 결과를 검토했다. "건강에 시간을 쓰지 않는 사람은 나중에 병으로 많은 시간을 쓰게된다." 그 말은 진리였다! '나중'이 아닐 수도 있다. 그녀는 맨해튼의 투자 은행에서 승승장구하던 루벤의 친구를 떠올렸다. 그는 젊은 나이에 뇌졸중으로 쓰러졌고 신체적으로나 정신적으로 심각한 후유증을 앓다가 결국 자살로 생을 마감했다. 만약 그가 스트레스를 줄이고, 약물과 각성제 복용도 삼가고, 건강한 생활 방식을 택했더라면 뇌졸중을 피할 수 있었을지는 그녀가 판단할 수 있는 문제가 아니었다. 다만, 그의 비극이 레오나르도에게서 받은 편지의 의미를 부각한다는 점만은 확실했다. 자기 건강을 소홀히 다루는 것은 명백히 비이성적인 행위다!

하지만 소피아는 정확히 그렇게 살아왔다. 지난 몇 해 동안, 그리고 특히 지난 몇 주와 몇 달 동안 그녀는 건강이란 계좌에서 엄청난 자산을 인출했고 그 결과 그녀의 신체적 균형은 깨졌다. 이미 그녀는 그 부정적인 결과를 온몸으로 느끼고 있었다. 활력과 스트레스를 감내하는 능력과 지구력이 떨어졌고 요통이 생겼다. 이 영역에 관한 한 그녀는 상습적인 마이너스 통장 이용자였다. 청소년기에 그녀는 육상팀에서 가장 빠르고 운동 신경이 뛰어난 소녀였다. 후에도 클라이밍과 조정과 등산을 즐겼다. 탄탄한 체격 덕분에 그녀를 여전히 스포츠인으로 여기는 사람들도 많았다. 하지만 다 옛날 일이었다. 이제 그녀는 소파에 누워 감자칩을 봉지째 입안에 털어 넣는 게으름뱅이에 불과했다.

소피아는 창밖 저 멀리 작은 호수에 눈길을 던졌다. 새끼 오리 여러 마리가 즐겁게 재잘대며 엄마를 따라가는 중이었다. 지금이야말로 삶의 고삐를 되잡을 적기인 것 같았다. 신체적 안녕을 회복하는 노력이 그 시작점이었다. 건강이란 계좌에 입금하는 자산을 인출보다 늘리는 게 급선무였다. 그래야 이 삶의 영역에 쌓인 빚더미를 해소할 수 있었다. 그녀는 편지를 손에 들고 특히 인상적이었던 대목을 찾아 다시 읽었다.

"건강한 음식을 먹고, 운동과 수면과 휴식을 충분히 취하고, 바른 자세를 위한 노력을 석 달만 하면 우리는 완전히 새로워질 수 있어요. 우리 몸의 세포 하나하나가 재구성되기까지 석 달이면 충분합니다."

소피아는 이 문장이 자기 안에 꽃피운 긍정론이 마음에 들었다. 실제로 이미 2주 전부터 그녀는 활동량이 늘어났고, 베를린의 다양한 구역을 도보나 자전거로 구경하고 다녔다. 이제는 식단을 바꿀 차례였다. 물론 말은 쉬웠다. 심리학자로서 그녀는 좋은 식단을 계획하는 것까지는 상대적으로 간단하다는 걸 알았다. 실천은 그보다 훨씬 어려웠다. 해로운 습관이 유지되도록 영양을 공급하는 심리적 욕구를 파악하지 못한다면 식단은 그저 종이에 적힌 글씨에 지나지 않았다. 소피아는 배가 고프다고 느꼈다. 웃기는 일이지만 건강한 영양 섭취를 고민할 때마다 허기가 몰려왔다. 그녀는 웃으며 자리에서 일어나 카페를 가로질러 걸어갔다. 카페 한쪽에 조식 뷔페가 차려져 있었다. 입안에 침이 돌았다. 이렇게나 많은 음식을 이렇게나 간단히 먹을 수 있다니, 그녀의 입에서 절로 신음이 새어 나왔다.

수천 년간 인류는 마른 몸매를 유지해 왔다. 충분한 영양분을 섭취하기가 어려운 환경이었기 때문이다. 그 덕분에 우리의 뇌는 항상 더 많은 것을 원하도록, 지금 가진 것에 절대 만족하지 않도록 프로그래밍 되었다. 소피아는 손만 내밀면 닿을 위치에 있는 블루베리 머핀에 눈길을 사로잡혔다. 지금 그녀의 뇌가 술수를 부리는 것이다. 소피아가 머핀을 한입 베어 물면 그녀의 뇌에서는 도파민이 분비되면서 그녀는 기쁨을 느끼게 된다. 하지만 이 기쁨은 오래가지 않는다. 급격히 떨어진 도파민 수치는 오히려 머핀을 먹기 전보다 더 아래로 내려가고 마음에는 공허가 찾아온다. 이를 떨쳐내기 위해 사람은 머핀을 한입 더 베어 물고, 이 과정은 되풀이된다. 유전자가 벌이는 게임의 목표는 장기적 만족이 아니다.

소피아는 잘 차려진 뷔페를 신중하게 살폈다. 결핍의 세상에서는 뇌의 그런 술수가 대단히 유용했을 것이다. 하지만 먹을 것이 차고 넘치는 세상이 열리자 그건 최악의 전략이 되었다.

문자 그대로 언제든 무엇이든 먹을 수 있는 환경 속에서 사람들은 더 이상 제대로 된 만족을 느낄 수 없게 되었다. 특히 자연 상태의 건강한 음식을 먹을 때는 상대적으로 적은 양의 도파민이 분비된다. 그녀는 냉장고 안에 든 브로콜리를 떠올렸다. 그걸 먹는 기쁨은 현대 식품 산업이 만들어낸 다양한 자극과는 비교가 되지 않는다. 베를린에 온 후로 그녀는 계속 혼자였다. 그래서 넷플릭스와 피자, 초콜릿, 감자칩으로 도파민 분비를 자극했고, 처음에는 실연의 상처와 외로움을 삭히는 데 제법 도움이 되었다. 하지만 인위적으로 유도한 자극의 강도는 금세 점점 약해졌고 지속 시간도 짧아졌다. 그리고 결국 도파민이 바닥나자 그 후유증으로 공허감과 정서적 불안정, 자존감 하락이 더 강하고 길게 나타났다. 그렇게 소피아는 원치 않게 점점 더 깊어지는 정서적 구덩이로 빠져들었다.

그녀는 자기 자리로 돌아와 만족스레 푹신한 의자에 앉았다. 만세, 이번에는 유혹을 이겨냈다! 달콤한 블루베리 머핀 대신 무가당 요거트와 신선한 베리, 그리고 견과류 한 그릇을 담아온 그녀는 집중해서 음식을 먹기 시작했다. 두 눈을 감고 맛을 음미했다. 성에 차는 맛은 아니었다. 특히 베리의 당도가 마음에 들지 않았다. 맛으로만 따지자면 머핀이 훨씬 나았을 것이다. 하지만 그녀는 다시 진짜 음식에 익숙해져야 했다. 꾸준히 노력한다면 미각은 며칠 혹은 몇 주 안에 재조정될 것이다. 또한 그녀는 그러한 변화가 신체적으로만 아니라 정서적으로도 긍정적인 영향을 미치리라는 것을 잘 알았다. 그런 그녀를 응원이라도 하듯 창문으로 햇살이 비쳤다.

소피아가 아침 식사를 마치자 맞은편 벽에 달린 영국식 벽시계가 눈에 들어왔다. '어머, 시간이 벌써 이렇게 됐다고?!' 그녀는 재킷 주머니를 뒤져 휴대전화를 꺼내 다시 확인했다. 그녀가 이 찻집에 온 지 두 시간이 훌쩍 넘었다. 그러고 보니 등이 아픈 듯도 했다. 그녀는 레오나르도의 편지와 가죽으로 마감된 예쁜 메모장을 작은 배낭에 집어넣었다. 더 건강해지고 좋아졌다고 느끼기 위해서 다른 '닥터'들과 어떤 관계를 맺을지에 관한 고민은 다음 기회로 미루기로 했다.

신선한 공기를 들이마시며 자전거로 공원을 가로지르던 그녀는 푸릇푸릇한 이 도시의 봄에 경탄했다. 베를린의 드넓은 공원과 길가에 늘어선 나무, 호수를 보면서 그녀는 런던을 떠올렸다. 아직도 런던이 그리웠다. 하지만 런던은 루벤과 롤러코스터 같은 관계를 키워 나갔던 장소이기도 했다. 아무런 이유 없이 오르막과 내리막을 반복하던 관계. 하지만 오늘만은 그 생각을 접어두기로 했다.

이 아름다운 봄날에 그녀는 '닥터 기쁨'과 데이트를 즐기기로 했다. 옛 연인 생각으로 데이트를 미룰 마음은 추호도 없었다.

레오나르도의 다섯 번째 편지
우리의 돈

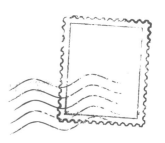

"당신은 죽을 것이다. 그러나 한 번이라도
살아 있음을 느낀 적이 있는가?"

이언 맥길리스트 Iain McGilchrist

친애하는 소피아,

오늘 산타바바라에는 폭풍우가 몰아치고 있어요. 이곳의
여름 날씨로는 매우 드문 일이죠. 보통 나는 테라스에 앉
아 글을 씁니다. 해변을 바라보고, 산책하는 사람들을 관
찰하고, 바다를 물끄러미 쳐다보노라면 바바라가 곁에 있
는 기분이 들곤 하죠. 하지만 오늘은 상황이 완전히 다르군
요. 앞은 보이지 않고, 지붕을 두드리는 빗소리가 주변의 다
른 모든 소리를 덮어 버렸어요. 하지만 오해는 마세요. 사
실 나는 비를 좋아합니다. 일 년에 300일 해가 쨍쨍한 곳에

살다 보면 가끔 내리는 비는 어머니 대자연의 일탈처럼 느껴져서 반갑기까지 해요. 그리고 또 한 가지 당신께 전하고 싶은 소식이 있어요. 얼마 전부터 다시금 내 인생이 소중하게 느껴지기 시작했어요. 지난 몇 달간 느끼지 못했던 감정이 회복된 거예요. 나는 지금 주방 탁자에 앉아 생강차 한 잔을 앞에 두고 산더미 같은 빈 종이와 마주하고 있습니다. 빈 종이에 대한 두려움은 그새 많이 사라졌어요. 언제나 그러하듯 상황은 변하기 마련입니다. 그리고 오늘 당신을 위한 깜짝 선물을 준비했다는 소식도 전해야겠군요.

원래 이번 편지에선 '인생의 5대 계좌' 중 두 번째인 '정신'에 관해 다루려고 했어요. 우리의 내면세계, 즉 생각과 정서, 동기, 꿈 등에 집중하려 했었죠. 하지만 잠시 미뤄야 할 것 같아요. 최근 내 주치의가 약을 바꾸었는데, 적응하기까지 시간이 좀 걸릴 것 같아요. 체력이 떨어진 이 시기를 최대한 활용하기 위해 나는 '인생의 5대 계좌'에서 다른 요소를 먼저 설명하기로 결심했습니다. 그건 바로 우리의 물질적 안녕을 좌우하는 '돈'이에요. 이 주제에 관해서는 나는 누구보다 자신이 있어요. 내가 평생 그 분야에 종사해 왔기 때문이죠.

본론으로 들어가기 전에 밝혀 두자면, 나는 재정 컨설턴트라는 직업에 크게 만족하며 일했어요. 주로 평범한 서민들을 위해 일했던 경력 초기나, 더 부유한 고객들을 담당했던 그 이후나, 만족도는 다름이 없었죠. 하지만 그렇다고 이 편지에서 당신에게 재정적 조언을 할 생각은 없습니다. 개인적인 상황을 알지 못한 채로 조언만 제공하는 것은 무책임한 일이기 때문입니다. 내가 이 편지를 쓰는 의도는 오로지 인생은행에서 이 계좌의 중요성에 대한 인식을 높이기 위해서예요. 더불어 당신과 다른 이들이 인생의 이 영역에 주목하고 필요에 따라 재정 구조를 재정비할 수 있도록 동기를 부여하기 위해서입니다.

물론 나는 여러 면에서 돈이 우리 삶에서 가장 중요한 주제는 아니라는 점을 인정합니다. 전체적인 그림을 두고 볼 때, 돈보다 삶의 질에 더 큰 영향을 미치는 요소들이 분명 있습니다. 이를테면 '인생의 5대 계좌'에서 신체적 건강이나 정신적 안녕이 그런 요소들이죠. 하지만 나는 적어도 가끔은 돈이 우리 관심사의 최우선 자리를 차지할 자격이 있다고 굳게 확신합니다. 나의 일생이 이 분야와 밀접하게 연결되어 있고, 내 가치관 깊은 곳에 돈이 자리하고 있기에, 이 기회를 통해 나와 내 인생을 반추해 볼까 해요. 아마 당신이 나를 좀 더 잘 알고 이해하는 좋은 기회가 될 것 같으니, 개인사를 털어놓는 것을 부디 너그러이 이해해 주길.

어찌 보면 내 인생은 부모님 간의 다툼으로 지어진 '존 레오나르도'라는 이름에서 시작되었습니다. 분명 대부분 사람에게 이상한 조합으로 들릴 거예요. 부모님은 1930년대 말에 이탈리아에서 미국으로 이주하여 뉴욕에 정착하셨습니다. 그로부터 불과 몇 년 전에 어머니는 고향 독일을 떠나 이탈리아로 이주하셨었죠. 당시에는 짧은 시간 안에 그렇게 대대적인 이주를 한 번 더 감행하게 되리라곤 상상도 하지 못했으나, 이탈리아 남부가 워낙 궁핍하다 보니 어쩔 수 없이 떠밀리듯 내린 결정이었습니다. 그렇게 나는 뉴욕 시에서 태어나게 되었고, 당시 어머니의 가장 큰 바람은 내가 가능한 빨리 미국 문화에 적응하는 것이었어요. 어머니에게 미국은 여전히 낯선 나라였고 저만이라도 이곳을 집처럼 느끼게 되길 원한 것이지요. 어머니가 '존'이란 이름이 좋다고 생각한 것은 그런 이유에서였습니다. 물론 아버지에게도 뉴욕 생활은 큰 모험이었고 힘든 일이 많았지만, 그래도 아버지는 고향과의 연결을 유지하는 게 중요하다고 생각하셨어요. 그래서 아버지는 아들에게 위대한 이탈리아 예술가이자 만능 과학자인 레오나르도 다 빈치의 이름을 따서 붙이는 게 합당하다고 여기셨습니다. 부모님 다 자기 뜻을 굽히지 않으셨고, 결국 나는 '존 레오나르도'라는 이름으로 세례를 받게 되었지요. 어머니는 처음에는 마음을 놓았으나 시간이 지나자 뉴욕에 사는 이탈리아 이웃들이 모두 저를 레오나르도라고만 부르는 상황을 알게 되어 낙담하셨어요. 나중에는 결국 자신의 소원이 이루어졌음을 확인하셨지만요.

여러 면에서 나는 행복한 유년기를 보냈어요. 우리는 일반적인 대도시의 삶과는 조금 다르게 살았습니다. 내가 살던 동네의 별명이 '리틀 이태리'라는 것만으로도 내가 자란 곳의 분위기를 짐작할 수 있을 거예요. 우리는 뉴욕 한가운데에 나폴리식으로 조성된 마을에서 우리만의 언어와 문화적 규범으로 살았어요. 당시 그곳은 뉴욕에서 가장 가난한 동네로 꼽혔고, 많은 이주민이 도착과 동시에 브루클린과 같은 더 넓은 장소에 터를 잡았지만, 나는 우리 동네가 무척이나 마음에 들었습니다.

제 인생의 초기는 우정과 사소한 일상의 모험으로 가득했습니다. 하지만 힘들게 사는 부모님을 지켜보는 건 괴로운 일이었죠. 어머니는 심지어 서로 다른 세 곳에서 청소일을 할 때도 있었어요. 항상 지쳐 있기는 아버지도 마찬가지였지요. 두 분이 그렇게 열심히 일하시는데도 월급은 월말이 오기도 전에 동이 났습니다. 나는 가녀리고 아름다운 내 어머니가 낯선 사람들의 화장실을 청소하는 모습을 상상만 해도 진저리가 쳐졌기에, 언제나 부모님을 이 곤경에서 벗어나게 할 방법을 고민했습니다. 상황이 아버지 탓은 아니었어요. 나는 아버지가 우리가 함께 살 수 있는 둥지를 마련해 준 것만으로도 본인의 임무를 다한 거라 생각했죠. 우리 가족의 재정적 수준을 다음 단계로 끌어올리는 책임은 제가 짊어져야 했습니다. 제가 보기엔 그랬죠. 그리고 우리에게 부족한 것은 돈이었기에 나는 돈이 흘러넘치는 곳으로 가기로 결심했어요. 몇 년이 지나 내가 부모님을 재정적으로 책임질 수 있는 위치가 되었을 때 내가 느낀 만족감은 이루 말로 표현할 수 없을 정도였습니다. 우리가 실제로 그런 얘기를 나눈 적은 없지만, 나는 내 어머니가 말년에는 내적 평화를 찾으셨다고 믿어요. 그 생각을 떠올리면 지금도 마음이 따뜻해집니다.

소피아, 내가 이 직업에 끌린 이유를 이제는 알겠죠? 이번에는 아주 짧은 만남에 관한 이야기를 할까 해요. 짧지만 긴 여운을 남긴 그 만남은 내가 어떤 은행가가 될 것인지를 정하는 데에 큰 영향을 미쳤습니다. 은행가라고 다 같은 은행가가 아니므로 내 인생의 중대한 기로였어요.

내가 뉴욕시에서 경력을 막 시작하던 무렵의 일입니다.

그때 나는 우리 시대의 가장 성공한 투자자 중 한 명으로 꼽히는 켄 혼다Ken Honda의 강연을 듣는 특권을 누렸어요. 제 상사는 저를 강연에 보내면서 내용을 메모해 오라고 지시했죠. 저는 혼다 씨가 첫 마디를 시작하자마자 깊은 감동을 느꼈고, 그가 한 말을 토시 하나 놓치지 않고 받아 적었어요. 그의 첫 마디는 이것이었습니다. "하나님도 아시겠지만 나는 살면서 멍청이들을 아주 많이 만났는데, 그 모든 멍청이 중 가장 큰 멍청이가 바로 나라고 생각합니다." 나중에 상사는 이 문장을 읽자마자 한심하다는 듯 고개를 흔들며 가더군요.

"뭐 이런 사람이 다 있지?" 혼다 씨의 첫 마디를 듣는 순간, 언젠가 나도 귀빈들 앞에서 내 생각을 이토록 자유롭게 말할 용기를 낼 수 있을지를 고민했습니다. 막상 청중들의 표정을 보니 과연 그의 거침없는 언변이 좋은 선택일지 의문이 들었지만요. 하지만 혼다 씨는 청중의 반응을 개의치 않는 듯 보였고, 차분하게 자신의 어린 시절 얘기를 풀어가기 시작했습니다.

혼다 씨의 부모님은 일본 출신 이민자였습니다. 그의 아버지는 공부와 노력으로 회계사가 되어 맨해튼에서 입지를 다지기에 성공했지요. 어린 시절부터 혼다 씨는 종종 아버지의 사무실에서 고객들에게 차를 대접하며 시간을 보냈고, 그때 놀라운 깨달음을 얻었습니다. 고객 중 일부는 자기 재정 상황에 대한 불안과 걱정을 놓지 못했어요. 더 이상 재정적으로 힘든 상황이 아닌데도 그들은 행복하지 않아 보였고, 그렇게 긴장된 상태에서 내린 결정은 손실을 초래할 때가 많았습니다. 반면 아버지의 사무실을 찾는 다른 일부는 여유에서 오는 자신감에 차 있었어요. 그들은 지속 가능한 방식으로 자산을 축적하며 점점 더 부유해졌지요. 비단 재정적으로만 부유한 것이 아니라, 부를 자기 삶에서 중요한 일을 가능케 하는 수단으로 사용할 줄 알았습니다. 그들은 통장 잔고에 행복이 있다고 믿지 않았어요.

"아마 여러분들은 이런 통찰과 여기서 비롯한 지혜가 평생 나를 따라다녔으리라 짐작하시겠죠." 혼다 씨는 이렇게 말하며 청중을 둘러보았어요. 모두 금융계에서 연륜을 쌓은 은행가들이었죠. "하지만 그렇지 않았어요!"

그는 고개를 한 번 세차게 흔들고선 말을 이었습니다.

"고백하건대, 은행 업계에서 일했던 수십 년 동안 내 머릿속엔 오직 한 가지 생각뿐이었습니다. 그건 바로 '더 많이' 였지요. 나는 인생이 우리에게 무엇을 주고 그 대가로 우리에게 무엇을 바라는지에 무지했어요. 하지만 지금은 여러분에게 말할 수 있어요. 여러분이 돈을 '에너지'로 받아들여야…" 그는 잠시 말을 끊었습니다. "그래야만 진정한 자유를 얻을 수 있습니다."

청중석이 술렁이기 시작했습니다. 명품 양복을 입고 맨해튼 전경이 내려다보이는 은행 건물에서 가장 좋은 자리에 앉은 각 은행 결정권자들의 얼굴에 회의감이 서리는 게 보였지요. 그들은 큰돈이 오가는 중요한 거래를 처리하는 대신 이런 헛소리를 들으러 온 결정을 후회하는 듯했어요.

"무슨 약을 먹었길래 저런 소리를 하는 거지?" 나는 업계에서 명망 높은 동료 한 명이 중얼거리는 소리를 들었고, 그 곁에서 상사가 동의한다는 듯 조용히 웃는 것을 보았습니다. 하지만 혼다 씨는 침착하고 진지한 태도로 계속해서 돈에 대한 다른 접근 방식을 개발할 것을 우리 모두에게 권했지요.

"여러분의 돈을 긍정 에너지로 충전하시길 강력히 권합니다." 그가 말했습니다. "세상엔 행복한 돈이 있습니다. 좋은 목적을 가진 기업에 투자하고, 우리의 일에 만족한 고객이나 고용주로부터 보수를 받으며, 일 자체에서 의미를 얻을 때 우리는 행복한 돈을 벌게 되지요. 아마 내 말을 이해하실 겁니다." 그는 잠시 말을 멈췄습니다.

그리고 모두를 향해 팔을 넓게 벌리며 말했습니다. "반대로 불행한 돈도 있습니다. 비도덕적으로 버는 돈이지요. 오로지 수익을 내기 위해서만 투자하고, 하고 싶지 않은 일을 한 대가로 고용주로부터 받는 임금이 그런 돈입니다."

그는 다음 비밀을 꺼내기 전에 다시 말을 멈췄죠.

"그 결과는 같은 화폐, 같은 달러지만, 실상은 전혀 다른 돈입니다. 탐욕, 좌절, 절망에서 나온 돈은 불행한 돈인 반면, 사람과 더 높은 가치에 투자된 돈은 행복한 돈입니다."

나는 그때 자본주의를 종교처럼 숭배해 온 노련한 금융 전문가들이 어떤 표정을 지었는지를 생생히 기억해요. 나 또한 혼다 씨의 말에 깜짝 놀랐지요. 돌이켜 보면 그건 선구자의 말이었어요. 지금은 지속 가능성에 중점을 둔 새로운 투자에 대한 관심이 커졌으니까요. 최근에는 글로벌 기관은 물론 개인 투자자들도 전통적인 접근 방식과 혁신적인 접근 방식을 결합한 더 윤리적인 접근 방식을 추구하고 있습니다. 경제적 이윤뿐 아니라 사회 문제나 환경 문제도 고려하여 투자하게 되었지요. 하지만 당시에는 그런 걸 전혀 모르던 때였어요. 심지어 혼다 씨가 자기 돈의 일부를 긍정적인 방식으로 사회에 투자하는 방법의 예로 아프리카의 '희망의 학교'에 대해 말했을 때는 아무도 그 말을 듣지 않는 것처럼 보였습니다. 하지만 나는 그의 입술에서 눈을 떼지 못했고, 특히 그 강연의 마지막 한 마디를 영원히 기억에 새겼지요. "세상에서 가장 가난한 사람은 가진 게 돈뿐인 사람입니다."

혼다 씨는 이 메시지가 사람들의 마음에 닿을 때까지 잠시 침묵했다가, 내게 깊은 인상을 남긴 질문으로 강연을 마무리했습니다. "여러분 자신이 그렇게 되기를 바라십니까?"

청중들은 예의 바르게 박수를 쳤어요. 하지만 만약 혼다 씨가 그렇게까지 전설적인 투자자가 아니었다면 참석자들은 아무 반응도 하지 않았을 겁니다. 분명 이상한 사람이긴 했지만, 업계에서 워낙 영향력이 큰 인물이다 보니 아예 무시할 수는 없었던 것 같아요.

하지만 나는 다른 청중들과는 전혀 달랐습니다. 혼다 씨의 강연에 깊이 감명했죠. 그래서 은행 말단 직원임에도 불구하고 최고 경영자 사무실에서 나오는 혼다 씨를 발견하고선 뒤따라가서 존경을 표했습니다. 그리고 엘리베이터 앞에선 그의 옆에서 긴장으로 덜덜 떨면서도 샘솟는 질문을 쏟아 냈지요. 혼다 씨는 제 질문에 대답할 생각이 없어 보이더군요. 대신 부모님이 일본에서 이민을 온 직후에 살던 소호 거리를 좀 걷고 싶은데 함께 걷지 않겠냐고 물었죠.

"레오나르도, 은행에서 퇴직했을 때 나는 진실로 가난했어요. 과거에 나는 재능과 운이 있었고, 열심히 일했고, 결국 엄청난 성공을 거두었지만 마음은 공허했어요. 그래서 지금 나는 사람이 부자가 되는 더 나은 방법이 있다고 확신합니다."

우리는 대화와 긴 침묵을 반복하며 말을 이었어요. 마침 내 〈아웃 오브 아프리카〉라는 영화 광고판이 걸린 극장 앞에 당도했고, 혼다 씨는 그 앞에 서서 오랫동안 포스터를 바라보았지요. 또 한 번의 침묵이 지나간 뒤에야 비로소 그는 케냐에서 진행 중인 자선 사업과 그곳에서 갔던 사파리에 관한 이야기를 꺼냈습니다.

"희망의 학교에 한번 가 보세요. 인생과 부에 대해 더 많이 배울 수 있을 거예요. 이 세상 어떤 금융 기관에서도 배울 수 없는 것들이죠. 혹시 결혼하셨나요? 만약 부인도 당신처럼 호기심이 풍부하고 열린 마음을 가졌다면 함께 가세요. 환경이 많이 변하기 전에 마사이마라에서 사파리 투어를 하고 희망의 학교를 방문하시면 좋겠군요. 정말 그럴 마음이 있으면 내게 전화해요. 더 많은 사람과 연결해 드리겠습니다. 그들을 알게 되면 당신은 분명 더 부유해질 거예요. 그런 부유함은 금액으로 따질 수가 없지요."

그 만남 직후 내가 경력에 대한 새로운 시각을 갖게 되었다고 말할 수 있다면 얼마나 좋을까마는, 아쉽게도 그렇지 않았습니다. 그 지혜로운 노인, 행복한 돈과 불행한 돈에 관한 그의 생각, 희망의 학교와 아프리카의 빛나고 다채로운 이미지가 계속 머릿속에 남아있긴 했지만요. 하지만 몇

주, 그리고 몇 달이 지나자 내 젊은 인생에는 다른 흥미진
진한 사건들이 일어났고, 짧은 만남의 여파는 점점 뒤로 밀
려나더군요.

하지만 몇 년 후 내가 바바라에게 내 아내가 되어 주겠냐
고 묻던 날, 상황이 바뀌었습니다. 나는 프로포즈를 한 후
바바라에게 켄 혼다와 그의 강연에 대해 설명을 길게 하고
선 신혼여행으로 케냐에 사파리 투어를 가자고 제안했지
요. 계획에 없었던 제안을 한 뒤 깜짝 놀란 사람은 바바라
가 아니라 나였어요. 나는 우리가 특별한 이벤트로 가득한
풍성한 인생을 살길 바랐어요. 비록 바바라는 그 여행지가
미심쩍은 기색이었으나, 그래도 두 가지 제안을 모두 미소
로 받아들였습니다.

그로부터 1년 후, 우리는 아프리카로 여행을 떠났고 나이
로비에 도착한 순간 이미 케냐의 광활한 풍경에 흠뻑 반해
버렸습니다. 그러나 공항의 긴 통로를 지나는 동안 우리는
'출국'이라는 단어의 진정한 의미를 금세 깨닫게 되었어요.
그때 우리는 한 장소에서 다른 장소로, 한 대륙에서 다른
대륙으로 빠져나갔습니다. 장소 이동은 벌써 비행기 안에
서 일어났다고 생각할 수도 있겠지만, 비행기 안에 있는 동

안 우리는 여전히 서구 세계의 보호 속에 있었지요. 공항에 내려서야 우리는 익숙함을 낯섦으로 바꾸기 시작했고, 바바라와 나는 익숙한 세계에서 이렇게 빠져나가는 게 맞는지를 의심하게 되었습니다.

공항 로비는 이국적인 사람들과 물건들, 낯선 냄새와 소리로 가득했어요. 우리는 작은 바구니에 담긴 닭들과 주변을 자유로이 돌아다니는 돼지를 보았죠. 그중에서도 즉시 우리 눈에 들어온 것은 여행 가방으로 빼곡하게 쌓아 올린 네 개의 탑이었습니다. 마치 거대한 닭장처럼 보이더군요.

"매년 얼마나 많은 여행 가방이 분실되는지 생각하면 이 정도 탑은 별로 놀랍지도 않아. 어쩌면 세상 어딘가에는 잃어버린 양말 탑도 있을지 모르겠네. 재미있군."

"정말 재미있네." 바바라가 옆에서 나를 바라보며 답했어요. 우리 주위에는 배낭을 메고 여행 온 사람들이 득실했지만, 그녀는 그들과 자신은 전혀 다르다고 생각하는 것 같았어요. "이제 우리 여행 가방을 가져올까?"

결론을 말하자면, 우리는 가방을 받지 못했습니다. 불행히도 바바라의 여행 가방 또한 분실물 중 하나였지요. 나는 속으로 그녀의 가방이 수백 개의 다른 가방과 함께 쌓여 탑이 된 모습을 상상했답니다. 누가 봐도 여행의 시작치곤 좋지 않았죠. 분실물 처리 창구에 앉은 친절한 여성은 무슨 일을 해서라도 분실물을 찾아내겠노라고 장담했으나 바바라는 그 말에 아무런 신뢰를 보내지 않았습니다.

그런 상황에서 나는 용기를 내어 내 아내에게 여행사 직원의 말을 상기시켰어요. "아프리카로 여행을 가면 아프리카 옷을 입고 현지를 즐기세요." 하지만 내 의도와는 다른 반응이 돌아오더군요.

"레오나르도, 당신 정말 멋져. 얼마나 빨리 적응하는지 벌써 원주민 같아 보이네." 그녀는 불쾌감이 드러나는 목소리로 창구 직원이 듣지 못하도록 내 귀에 속삭였어요. "내 가방은 이미 사라졌어! 이제 잃어버릴 게 또 뭐가 있지? 혹시 우리의 목숨은 아닐까?"

나는 투덜대는 아내를 양팔로 꼭 껴안았어요. 짐이 다 도착했건 아니건, 우리는 공항을 떠나 유쾌하게 여행을 시작해야 했으니까요. 택시를 타고 대도시 나이로비의 콘크리트 정글을 가로지르면서부터는 그녀의 기분도 한결 누그러지더군요. 당시 나이로비는 '케냐의 요동하는 심장'으로 불렸어요. 불과 100년 만에 아무도 살지 않던 늪지대가 현대적인 대도시로 변모했기 때문이죠.

공항에서 스트레스를 잔뜩 받은 우리는 아름답고 조용한 도시 외곽의 오두막 펜션으로 향했습니다. 100살 먹은 나무와 거대한 선인장이 우거지고, 온갖 새들이 지저귀는 오래된 정원 한가운데에 세워진 펜션은 마치 오아시스처럼 보이더군요. 영국 식민지 시절에 지어진 별장은 천장이 높고 바닥엔 아름다운 대리석이 깔려있었으며 벽난로와 목조 베란다가 있었죠. 베란다에만 나가도 새소리에 긴장이 절로 풀리고 꽃으로 눈 호강을 할 수 있었어요. 하지만 그 집의 백미는 따로 있었습니다. 그 장소에 깃든 매력적인 역사를 알지 못한 채 오두막을 구경하던 아내가 마침내 침대 곁탁자에 놓인 안내 책자를 발견했어요.

"이 집 이름이 '카렌 블릭센의 오두막'이래. 그러니까 그분이 여기에 살았다는 뜻인 거지?"

나는 고개를 끄덕이며 그녀를 쳐다보았어요. 출발 한 달 전 우리는 함께 영화 〈아웃 오브 아프리카〉를 보았습니다. 혼다 씨에게 추천받은 그 영화의 원작자가 카렌 블릭센 Karen Blixen이에요. 우리는 그녀가 한때 직접 운영했던 곳이자 영화의 배경이 된 곳에서 묵을 예정이었지요.

나는 잔뜩 기대에 부풀어 바바라를 바라보았어요. 그녀는 빛나고 있었죠.

"이 펜션에 관해 당신이 아는 걸 모두 말해줘."

그녀는 침대에서 편안한 자세를 취했고, 나는 덴마크 귀족인 블릭센 남작 부인에 관한 이야기를 시작했지요. 남작 부인은 호화로운 배경을 갖고 태어났지만 자신의 배경에서 찾을 수 없는 풍요를 찾아 아프리카로 왔어요. 그리고 아프리카 대륙에서 돈으로 환산할 수 없는 형태의 행복을 발견했죠.

물론 현대의 케냐는 우리가 꿈꾸었던 영화 속 이미지와는 상반되는 점이 많았어요. 당시 아프리카 대부분의 국가들은 전통과 혈통 문화의 붕괴, 빈곤, 정치적 혼란, 부패, 근본적인 가치관의 변화, 그리고 야생 동물 개체 수 급감 등의 문제에 직면해 있었고 바바라는 그 점을 지적했지요. 물론 나는 그녀가 옳다는 걸 알았어요. 하지만 우리는 신혼여행 중이었으므로 나는 그녀에게 현실에서 잠시 벗어나 이 땅의 아름다움에 집중해 달라고 부탁했죠. 시간이 흐른 후 돌아보니 우리는 정말 그렇게 했던 것 같습니다.

x↑

아프리카 신혼여행의 두 번째 장은 마사이마라 국립 공원에서 펼쳐졌습니다. 마사이마라에서 맞은 첫날, 해돋이를 보러 바바라와 내가 텐트에서 나오자 가이드인 바두가 미리 준비해 둔 커피를 한 잔씩 건넸어요. 아프리카 자연의 풍요로움에 관한 설명을 들으며 그림 같은 풍경을 바라보는 기분은 황홀 그 자체였습니다. 그는 자기가 제일 좋아하는 동물 다섯 가지를 자세히 설명해 주었어요. 특히 코끼리와 사자에 관해 이야기할 때는 입을 쩍쩍 벌려가며 포효 소리를 어찌나 실감 나게 흉내 내던지, 우리는 웃음보가 터지고 말았습니다. 그 외 표범과 물소, 코뿔소에 관한 설명을 마친 그는 눈을 반짝이며 이렇게 말했어요. "이 '빅 파이브Big Five'가 없었다면 아프리카는 지금 같지 않았을 겁니다."

나는 아프리카 사파리를 앞두고 철저하게 준비를 마쳤다고 생각했어요. 추천대로 옷을 사고 쌍안경과 좋은 카메라도 준비했지요. 모든 것을 받아들일 준비가 되었다고 자부했습니다. 하지만 정작 내가 준비하지 못한 게 하나 있었어요. 실제로 사파리에 있는 기분은 전혀 예상하지 못했어요. 아프리카 사바나에 차를 세우고, 바로 몇 미터 앞에서 야생 동물을 보노라면 시간이 멈춘 것 같은 기분이 들었어요. 온몸 깊은 곳에서 평화가 퍼져 나갔지요. 너무 광활하고 아름다워 숨이 막히는 풍경이었어요. 나란 사람이 거대한 우주 속의 작은 모래알처럼 느껴지게 하는 아름다움이었죠.

저녁이 되어 태양이 언덕 너머로 사라지고 평원 전체에 어두움이 깔리자, 바바라는 오두막 테라스에 앉아 근처에서 꼬리를 흔들며 풀을 뜯는 얼룩말을 하염없이 바라보았습니다. 나는 모닥불로 가서 바두와 함께 진토닉을 몇 잔 마셨고, 그러면서 자연히 밤에 캠프 지키는 일을 맡은 마사이족 레부와 민가티와도 인사를 나누었죠.

마지막 날 저녁에 나는 두 사람 앞에서 마사이족의 생활 방식에 관한 궁금증을 쏟아 냈습니다. 영국계 마사이족인 레부가 친절하게 통역해 주었지요. 마사이족은 특별한 민족입니다. 그들은 지금처럼 삶이 복잡하지 않던 시절부터 살아왔던 방식을 그대로 고수하며 수백 년에 걸쳐 동아프리카 일대에 거주하고 있어요. 비록 그들의 관습 중에는 논란의 여지가 있는 것도 있었지만 그래도 나는 그들의 삶에 큰 매력을 느꼈습니다. 레부가 자기 마을에서 가장 빠른 사냥꾼이 바로 민가티라고 알려줬어요. 그래서 나는 어떻게 맨발에 막대기 하나만 들고서 동물을 잡을 수 있는지 물었습니다. 민가티는 한참 말이 없다가 마침내 입을 열었죠. "사냥꾼에게 가장 중요한 것은 용감한 마음과 조용한 발입니다." 그리고 자리에서 일어나 모닥불 주위를 돌며 춤을 추기 시작했어요. 발이 거의 땅에 닿지 않는 신기한 동작이었죠. 그는 내게 따라 하라는 손짓을 했고, 당연히 나도 자리에서 일어나 그의 우아하고 가벼운 동작을 최대한 따라 하려고 노력했습니다. 간간이 레부가 내 몸짓을 고쳐 주었죠. 하지만 나는 테라스에서 바바라가 그 광경을 지켜보고 있다는 걸 알아채지 못했어요.

"레오나르도, 제발. 마사이족처럼 침대 주위를 돌아줘. 정말 똑같더라. 그러니까 한 번만, 응?" 잠자리에 들기 전 바바라가 나를 놀리기 시작했고, 우리는 한 바탕 웃음을 터뜨린 다음에야 비로소 잠에 들 수 있었지요.

아프리카 여행의 세 번째이자 마지막 목적지는 빅토리아 호수와 인접한 도시, '키수무'였어요. 거기에 희망의 학교가 있어요. 노란색 학교 건물을 발견하고 다가가던 순간이 아직도 선명하게 떠올라요. 몇 년 전 혼다 씨가 강연에서 보여주었던 사진과 똑같이 생긴 건물이었지요. 건물에선 시끄럽고 흥겨운 아프리카 음악이 흘러나오더군요. 마침 한 달 전에 새 건물이 완공된 것을 기념하며 자원봉사자들과 기부자들에게 감사를 전하는 행사를 하던 중이었어요. 우리는 커다란 문을 통해 야외극장처럼 꾸며진 안뜰로 들어갔습니다.

곳곳에서 아이들이 방문객들을 환영하는 춤을 추었는데, 그 경쾌한 리듬에 바바라와 나는 춤에서 눈을 뗄 수가 없었어요. 아이들은 너무나 행복해 보였고, 그 행복에는 전염성이 있었습니다. 점심을 먹은 후 열린 공식 개관식에서 우리는 처음으로 희망의 학교 교장인 나탈리를 만났어요. 그녀는 따뜻하고 강인한 여성으로, 학교가 원만하게 굴러갈 수 있도록 막후에서 고군분투하고 있었죠. 우리는 그녀와 함께 혼다 씨에 대한 추억을 나누었어요. 안타깝게도 그는 몇 년 전에 세상을 떠났지만, 우리는 함께 커피를 마시며 그가 말한 행복한 돈과 불행한 돈에 관한 대화를 나누었습니다. 그녀는 처음에는 아프리카와 같은 대륙에서 그런 개념이 쓸모 있을까를 의심했다고 솔직하게 털어놓더군요. 하지만 결국 그의 사고방식에 감화되었고, 이 학교를 책임지는 자리까지 맡게 되었다고 고백했지요.

혼다 씨는 내가 아프리카에 한 번 다녀오면, 그간 금융계에서 배웠던 것보다 부의 창출에 관해 훨씬 더 많은 것을 배우게 될 거라고 주장했습니다. 비록 단번에 수긍할 수는 없었으나 결국 그 말은 옳았습니다. 점차 나는 돈을 투자하고 이윤을 늘리는 것만으로는, 그리하여 오직 그 분야에서 성공하는 것만으로는 충분하다는 느낌을 받지 못하는 이유를 이해하게 되었어요. 물론 나는 내 고객들이 인생에서 '더 나은' 투자를 결정하도록 도울 수 있었어요. 그러나 그들이 그 주제를 제대로 고민하지 않고 계속해서 '더 많이'를 추구한다면, 그들은 결국 지는 투자를 하게 될 뿐이었죠.

물론 이런 얘기가 막막하게 들린다는 것을 나도 인정합니다. 그래서 처음에는 고객들에게 내 의도를 제대로 전달하지 못했던 것 같아요. 하지만 끝내 고객들을 효과적으로 설득할 방법을 찾았어요. 혼다 씨가 구분한 금융 지능 '돈 IQ'와 감성적 금융 지능 '돈 EQ' 개념에서 힌트를 얻었지요.

시간이 지나면서 나는 그 둘이 동전의 양면이라는 것을 이해하게 되었어요. 아프리카 여행을 떠나기 전까지 나는 오로지 논리와 합리적 사고만을 사용하여 일을 했어요. 하지만 아프리카 여행 후 나는 보다 성숙한 사람이 되었습니다. 정서적 측면에서 돌파구를 찾아야 한다는 걸 깨달았기 때문이에요.

케냐에서 돌아온 후 나는 혼다 씨의 말대로 돈에 대한 내 실제 태도를 곱씹어 보았습니다. 나는 이탈리아와 독일, 그리고 미국에서 세계 대공황과 빈곤을 경험한 부모님의 영향을 받아 뉴욕 은행에 취직한 젊은이였습니다. 매일 밤 돈 걱정하는 부모님의 한숨 소리를 들으며 잠에 들던 날들을 한시도 잊지 못했어요. 물론 그런 고통이 내가 직업을 선택하는 원동력이 된 것은 사실이나, 어느 순간 그것이 나를 원치 않는 방향으로 이끌고 있더군요. 나는 끊임없이 부족하다는 느낌에 시달리고 있었습니다. 부지불식간에 인생 은행 계좌에서 잔고를 축내고 있었죠.

금융계에서 일하는 동안 내가 알게 된 사실은 통장 잔고와 충만감이 꼭 비례하는 것은 아니라는 거였어요. 연구를 통해서도 입증된 사실이죠. 재산이 일정 수준을 넘어서면, 즉 중산층의 생활비를 충당할 수 있는 정도를 넘어서면 행복은 재산에 비례하여 증가하지 않습니다.

한번은 한 젊은 여성의 재정 상담을 맡은 적이 있었어요. 그녀는 대대로 호텔업으로 부를 축적해온 부유한 가문 출신이었지만 막대한 재산에도 불구하고 안정감을 느끼지 못했어요. 그녀는 자신만의 브랜드로 10억 달러를 벌기 전까지는 자신이 한곳에 정착할 수도, 내면의 평화를 누릴 수도 없을 거라고 생각했어요. 실화입니다. 세상 돈을 다 가졌다 하더라도 자기가 가지지 못한 것에 집중한다면 사람들은 돈에 대한 걱정을 멈출 수가 없어요. 백만장자가 억만장자의 최고급 요트를 질투한다면, 그들이 가진 돈이 다 무슨 의미일까요? 세상에는 정말 그런 사람들이 있고 나도 몇 번이나 만난 적이 있어요.

소피아, 당신도 알다시피 나는 은행에서 고객들이 더 부유해지도록 돕는 일을 했어요. 대다수 사람에게 그것은 금융 자산과 재화를 쌓아 올리는 걸 의미했죠. 그게 잘못됐다는 얘길 하려는 게 아닙니다. 하지만 아프리카에서 경험한 삶은 내게 다양한 형태의 부유함이 존재한다는 것을 가르쳐 주었어요. 자연 친화적 생활, 신뢰, 영성, 소속감, 육체와 정신이 튼튼하다는 기분, 그리고 무엇보다 지금 이곳에 충실한 삶이 그런 것들이죠.

하지만 한 가지 내가 부인할 수 없는 사실은, 돈이 행복하고 가치 있는 삶으로 가는 만능열쇠는 아니지만 고질적인 재정 위기는 삶의 질을 심각하게 떨어뜨린다는 것입니다. 당신이 아무리 훌륭하게 살아도 치통을 무시할 수 없는 것처럼 재정적 어려움 또한 그러합니다. 이 영역에서 혼란이나 불행이 생기지 않도록 적절한 관리가 필요한 이유이죠. 당신이 교사이든 우주비행사든 간호사든 경영인이든 간에, 누구나 자신의 재정 상태에 완전한 책임을 져야 한다고 생각합니다. 날 때부터 입에 금수저를 물고 태어나지 못한 사람도 마찬가지죠. 그리고 자신의 재정 상태를 책임지는 가장 좋은 방법은 젊을 때 관리를 시작하는 것입니다.

✴

마지막으로, 이성적인 측면에서 이 주제를 한번 들여다봅시다. 금융 컨설턴트로 일하던 초기에 나는 사람들이 은퇴 이후를 위해 돈을 투자하고 세금을 최소화하며 현명한 투자 결정을 내릴 수 있도록 도움을 주는 법을 배웠습니다. 하지만 시장은 쉬지 않고 변합니다. 변화하는 세법과 투자 전략, 소비 트렌드와 무역 역학에 끊임없이 적응해야 하죠. 그러므로 이전 편지에서 내가 세세한 건강 관리법을 조언하지 않았던 것처럼, 이번에도 특정 자산에 투자하라고 강요할 생각은 없습니다. 침대 아래에 금괴를 숨기라거나 투자할 부동산을 찾으라고 권하지는 않을 거예요.

대신 당신이 앞으로 인생은행에서 재정 계좌의 잔고를 늘리고자 한다면 지켜야 할 다섯 가지 기본적인 원칙을 알려 주고자 합니다.

1. 기본 지식을 갖추십시오.

같은 생활 환경이라면 금융 IQ가 높은 사람이 자기에게 더 유리한 재정적 결정을 내릴 수 있습니다. 나는 학교에서 이 중요한 지식을 가르쳐야 한다고 생각합니다. 물론 '인생의 5대 계좌'에 해당하는 모든 요소가 학교 교육 과정에 포함돼야 합니다. 건강과 정신, 관계와 일, 그리고 재정의 측면에서 더 건강하고, 더 의미 있고, 더 성공적인 삶을 살기 위해서는 각 영역에 관한 기본 지식과 기초가 필요합니다. 도대체 학교에서 이런 것들을 가르치지 않는 이유가 무엇일까요?

만약 많은 이들처럼 당신도 개인 재정을 관리하기 위해 필요한 지식이 부족하다고 느낀다면, 해당 분야에 대해 잘 알되 특정 금융 상품을 판매하는 것으로 소득을 올리지 않는 사람에게 조언을 구할 것을 권합니다. 금융 상품 판매와 연관된 사람은 아무리 의도가 좋아도 편향된 의견을 제시할 수 있습니다. 더불어 기본 서적 몇 권을 읽어 볼 것을 강력히 권합니다. 일단 배경지식을 갖추면 계획 세우기가 수월할 거예요.

2. 지금 당장 당신만의 재정 계획을 세우십시오.

당신이 이제 막 대학을 졸업했건 아니면 은퇴를 앞두고 있건 상관없습니다. 언제라도 당신은 미래의 재정 상태를 긍정적으로 변화시킬 수 있습니다. 현재 당신의 상황을 조망하는 것으로 첫 단추를 꿰매십시오. 일단 재정적 안정을 확보하기 위해 당신에게 얼마가 필요한지를 알아내는 것부터 시작해야 합니다,

당신은 매달 고정 비용으로 얼마를 지출하고 있나요?

① 월세 혹은 주거에 들어가는 대출 납입금

② 식비

③ 공과금

④ 교통비

⑤ 보험

⑥ 기타 필요 경비

우리 대부분은 총지출의 65~75%를 이 여섯 가지 항목으로 소비합니다.

이들 비용을 전부 더한 값에 12를 곱하면 현재 생활 수준을 기준으로 안정적인 재정을 꾸리기 위해 당신이 1년 동안 벌어야 하는 최소 수입이 얼마인지를 알 수 있습니다.

다음으로 한 달에 여가 활동, 외식, 의류비 등으로 얼마를 쓰는지 계산하세요. 이 비용의 합계에 역시 12를 곱한 다음 그 값을 앞서 계산한 연간 고정 지출에 더하세요. 휴가나 여행 같은 대규모 비정기 지출도 여기에 포함됩니다. 그리고 결산하세요. 당신은 얼마나 벌고 있나요? 얼마가 필요한가요? 이 숫자가 맞아떨어지나요?

3. 당신에게 적합한 목표를 설정하십시오.

만약 당신이 재무 상담사를 만나게 된다면 그 사람은 아마도 당신의 재무 목표가 무엇인지 물어볼 것입니다. 때로는 사례나 일반적인 기준을 찾는 것이 도움이 되지만, 다른 사람의 계획을 그대로 따르는 것은 금물입니다. 중요한 것은 당신이 자기 삶을 어떻게 설계하고 살아가고자 하는지이기 때문입니다. 자신과 자신의 필요에 맞는 것이 무엇인지 고민해야 합니다. 거기엔 당신의 취미와 열정, 휴가 계획도 고려돼야 해요. 자신에게 다음의 질문을 던져보세요. 당신이 잘살려면, 그리고 재정적 안정을 누리려면 얼마나 많은 돈이 필요한가요? 미래의 재정에 관한 당신의 목표와 야망은 무엇인가요?

당신의 직관을 믿으세요. 처음에는 숫자에 연연하는 생활이 기운 빠지게 느껴질 수도 있지만, 자기 재정 상태를 정확하게 파악하는 것은 큰 도움이 됩니다. 그러니 숫자를 붙들고 계세요! 철저한 분석은 재무 계획의 기초를 제공하여 재정적인 기대와 소망, 목표를 현실로 만들 수 있게 해줍니다. 대부분은 재정 목표를 설정하는 것보다 휴가 계획을 세우는 걸로 더 많은 시간을 보내지만요. 하지만 재정적 명확성은 건설적인 의사 결정 뿐 아니라 내면의 평안에도 도움이 됩니다.

  4. 백만장자처럼 사십시오.

  문자 그대로 백만장자처럼 살고 싶다면, 자기 능력 안에서 생활하고 그 한계를 현명하게 확장해 나가는 것이 중요합니다. 만약 당신이 돈을 빌려야 한다면 그 이유가 합당해야 합니다. 교육 자금, 부동산 구매, 사업 자금 등은 합당한 이유에 해당합니다. 하지만 나 같은 구식 은행가는 소비를 위해 대출을 하는 것에는 결사반대입니다. 후배 은행가 대부분도 이 원칙에 동의하는 걸로 알아요. 소비로 진 빚은 가난을 부릅니다!

  그러므로 나는 이렇게 조언하고 싶습니다. 버는 것보다 적게 쓰고, 수입의 일부를 현명하게 투자하며, 더 나은 소득을 올릴 수 있는 능력을 키우세요! 이 접근 방식은 균형 잡힌 삶을 유지하면서도 당신이 발전할 수 있도록 가능성을 열어 줍니다. 물론 끊임없이 더 나은 것을 추구하려는 욕망은 많은 사람에게 재정적 성공을 가져다주는 동력이 됩니다. 그러나 만약 당신이 재정적 성공뿐 아니라 삶의 질 향상에도 관심이 있다면, 평생 그 욕망을 따라 사는 것은 위험한 게임이 될 수도 있어요.

5. '세계 8대 불가사의'의 힘을 활용하십시오.

앞서 언급했다시피 나는 당신의 개인적인 재무 전략에 세세히 개입할 생각이 없습니다. 하지만 만약 돈이 당신을 위해 효과적으로 일하도록 만들고 싶다면, 알베르트 아인슈타인이 '세계 8대 불가사의'라고 부른 것, 즉 '복리'를 활용해야 합니다. 예컨대, 당신이 전 세계 경제 상황을 반영하는 ETF 펀드에 투자하여 얻은 이자가 자동으로 재투자되어 더 커진 재산에 대해 더 많은 이자를 받게 된다면, 당신은 이미 복리를 얻은 셈입니다. 벤저민 프랭클린이 "돈이 돈을 부른다. 그리고 돈을 부르는 돈은 더 많은 돈을 부른다."라고 말한 것처럼 말입니다. 이 마법의 원칙은 일찍 활용할수록 좋습니다.

이 원칙을 알기 쉽게 설명하기 위해 윌리엄과 제임스라는 두 형제를 예로 들어 살펴보겠습니다. 그들은 저마다의 방식으로 은퇴 자금을 모았습니다.

• 윌리엄은 20세부터 매년 4천 달러씩 저축을 시작하니

다. 40세가 되었을 때 그는 저축을 중단합니다. 따라서 20년간 윌리엄의 저축액은 총 8만 달러가 됩니다.

- 제임스는 40세부터 매년 4천 달러씩 저축을 시작합니다. 65세가 되었을 때 그는 저축을 중단합니다. 따라서 제임스의 저축액은 총 10만 달러가 됩니다.

여기서 당신에게 묻겠습니다. 두 형제의 수익률을 비교할 때, 은퇴 후 계좌에 더 많은 돈을 가진 사람은 누구일까요? 20년 동안 8만 달러를 저축한 윌리엄일까요, 아니면 25년 동안 10만 달러를 저축한 제임스일까요?

답은 윌리엄입니다. 비록 윌리엄의 저축액은 제임스보다 적었지만 그는 결국 250만 달러가량을 모았고, 제임스의 잔고는 40만 달러 이하에 그쳤습니다. 윌리엄은 일찍부터 복리를 활용했기 때문에 매년 같은 금액을 저축하면서도 제임스보다 이자를 600% 더 많이 받았습니다. 물론 이 예시에서 적용된 이자율이 다소 높게 설정된 편이지만, 어쨌든 복리의 원칙을 선명하게 깨달을 수 있습니다.

그러므로 나는 당신에게 복리만은 꼭 활용할 것을 권합니다. 비록 당신이 20대나 30대가 아니더라도, 복리를 이용하기에 결코 늦지 않았습니다.

언뜻 이런 얘기는 부담스럽게 들리지요. 처음에는 정말 부담이 느껴집니다. 특히 이 분야에 대한 기본 지식이 부족하다면 더더욱 그럴 거예요. 하지만 일단 한번 자신만의 재정 계획을 세우고 전략을 마련하면 이후부터는 소비되는 시간이 줄어듭니다. '5대 계좌'의 다른 요소들과 달리, 이 계좌는 처음에 설정만 잘하면 작은 관심만으로도 꾸준한 관리가 가능합니다. 선택한 전략을 일 년에 한두 번만 검토하고 어떤 점을 조정할지 결정하는 것만으로도 충분하지요.

소피아, 이제 마이크를 당신에게 넘깁니다.

돈과 부에 대한 당신의 태도는 어떠한가요?

이 분야를 실질적으로 관리할 수 있는 지식과 능력을 갖추고 있나요?

자신만의 재정 계획을 세우고 실행하고 있나요?

현재 보유한 자산을 평가하는 방법을 아나요?

오랜 세월 동안 나는 평균 이하, 혹은 평균에 준하는 소득으로도 훌륭하게 사는 사람들을 많이 만났습니다. 살면 살수록 혼다 씨의 주장이 심리학적으로도 얼마나 훌륭한 통찰인지를 확인할 수 있었어요. 그는 자기 자신과의 관계가 인생의 다른 모든 것에 영향을 미친다고 주장했습니다. 우리는 부, 가족, 일, 그리고 건강에 대해 생각할 때 무엇보다 먼저 자기 자신과의 관계를 고민해야 합니다. 이 관계는 우리가 주변 세계를 어떻게 인식하고 해석하는지를 결정합니다. 더 많은 돈과 물질적 소유를 추구하는 사람 중에는 무의식적으로 내적 공허와 인정 욕구, 애정 결핍, 안정감 부족 등을 돈으로 채우려는 경우가 허다합니다. 그러나 이와 같은 영혼의 구멍은 재정적 수단으로 메워지지 않아요. 소피아, 당신이 인생에서 이루고자 하는 것이 무엇이든 간에 언젠가는 정말 살아있음을 느꼈다고 말할 수 있도록, 진정한 삶을 놓치지 않도록 노력하세요. 언제나, 계속.

만약 오늘 내게 젊고 가난한 것과 부유하고 나이 든 것 중 어느 쪽이 좋으냐고 묻는다면, 나는 젊고 가난한 쪽을 선택할 것입니다. 우리는 결국 우리가 가진 모든 것 중 가장 소중한 것은 바로 시간이라는 것을 깨닫게 되기 때문입니다.

감사를 담아,
레오나르도

7장
활력

"족함을 아는 자가 부자다."

노자 老子

    5월이지만 날은 흐렸다. 소피아는 베를린에서 최고의 아프리카 커피를 마실 수 있는 카페에 자리를 잡았다. 카페가 있는 크로이츠베르크는 한때 빈민가였으나 어느새 박물관과 갤러리, 유명 카페와 레스토랑이 즐비한 핫 플레이스가 되었다. 소피아는 아프리카 여행에 관한 레오나르도의 편지를 경탄하며 읽었다. 문득 그녀는 이 노신사가 이토록 자신을 신뢰하는 까닭이 궁금했다. 하물며 공항에서의 짧은 만남 이후 편지 외엔 다른 접촉도 없었다. 언젠가는 노신사와 전화 통화나 화상 회의도 하게 될까?

몇 주 전, 그녀는 상황 파악에 도움이 될까 싶어서 노르웨이 출신의 동료인 아니켄에게 전화했다. 일과 관련된 얘기를 좀 하다가 레오나르도와의 짧은 만남을 슬쩍 언급했다. 소피아가 아는 사람 중 레오나르도를 직접 본 유일한 사람이 아니켄이기 때문이다. 하지만 소피아는 편지에 관한 이야기는 비밀로 하고 싶었기 때문에 에둘러 말할 수밖에 없었고, 아니켄은 자신이 몇 주 전에 이미 말했던 것을 다시 확인시켜 주었을 뿐이었다. 아니켄의 희미한 기억 속에서 레오나르도는 그저 예의 바른 노인이었다.

소피아는 베를린 특유의 커다란 창문과 미니멀리즘 인테리어가 돋보이는 카페 내부를 둘러보았다. 어쩌다가 그녀의 인생에 은행가가 두 명이나 들어오게 된 걸까?

그중 한 명은 아마 90대쯤 되었을 친절하고 지혜로운 사람이었고, 다른 한 사람은 한창나이에 행색이 멀끔하나 어디로 튈지 알 수 없는 사람이었다. 둘의 공통점이 있다면 소피아의 인생에 그들 마음대로 나타나거나 사라졌다는 점이다. 소피아 마음에는 전혀 들지 않았다. 그녀는 생각에 잠긴 채 거품 낸 우유에 카다멈과 계피, 즉석에서 간 생강을 섞은 에티오피아 커피를 홀짝였다. 두 남자를 공항에서, 혹은 비행 중에 만났다는 점도 신기했다. 레오나르도가 작심하고 소피아를 찾아왔다면 루벤과의 만남은 순전히 우연이었다는 점은 달랐다.

　루벤을 만났을 때 그녀는 런던 외곽의 '헨리 온 템스'로 이사한 직후였다. 그녀는 그 작고 아름다운 마을의 안정감이 좋았고, 자신이 마치 시간 여행자가 된 듯한 기쁨을 누렸다. 템스강에서도 가장 낭만적인 구간에 그림처럼 자리한 헨리 온 템스에서는 여름마다 세계에서 가장 유명한 조정 경기인 '헨리 로열 레가타'가 개최되었다. 이사한 첫해, 소피아는 그 작은 마을이 하루아침에 잘생긴 근육질 조정 선수들로 북적대는 모습에 깜짝 놀랐다. 뿐만 아니라, 귀족풍의 가족들이 집사를 대동한 채 롤스로이스를 타고 나타나 마을 주차장에서 피크닉을 즐겼다. 그들은 경마 대회 텔레비전 중계에서 봄 직한 화려한 모자를 쓰고 있었다. 매년 세계적으로 유명한 경마 대회가 열리는 로열 에스코트 경마장도 그녀가 사는 마을과 멀지 않았다. 소피아는 영국에서의 삶을 사랑했다. 몇 년간이지만, 고향 독일을 벗어났다는 것에서 해방감을 느꼈다. 그녀는 세계적으로 유명한 영국의 비즈니스 스쿨에 입학했다. 만약 독일이었다면 경영학 전공자에게만 그런 기회가 주어졌을 것이다. 하지만 소피아는 첫 직장을 구하기 전에 관심이 가는 모든 분야를 공부해 보고 싶었고, 영국에서는 그런 다방면의 접근이 허락되었다. 공부를 다 마친 뒤 소피아가 처음으로 만난 상사는 그녀의 학문적 여정에 '문어발식 학력'이라는 재미있는 별명을 붙였다. 졸업 후 그녀는 스칸디나비아 컨설팅 회사의 대표로부터 런던 주재원 자리를 제안받았고, 그 도전을 기꺼이 받아들였다. 그때부터 그녀는 국제 컨설턴트로 일하면서 전 세계를 돌아다니며 고객을 만났다. 그리고 코펜하겐에서 런던으로 가는 비행기에서 루벤을 만났다. 자신만만한 금발의 미남이 파란 눈을 반짝이며 그녀에게 전화번호를 물었을 때 그녀는 놀라서 심장이 멎는 줄 알았다. 그는 런던에 사는 덴마크인으로, 세계적인 투자 관리 회사의 상무이사였다. 런던 공항에서 그와 헤어지면서 소피아는 다시는 그의 소식을 듣지 못할 것이라고 생각했지만 놀랍게도 그는 정말 전화를 걸어왔다. 두 사람 모두 고향의 가족들을 위해 크리스마스 선물을 사야 했기에 그들은 헤로즈 백화점에서 쇼핑할 약속을 잡았고, 만난 그날부터 연인이 되었다.

소피아는 최근까지 루벤이 선물한 반지를 끼고 있었던 손가락을 내려다보았다. 그는 물 흐르듯 자연스럽게 그녀의 삶으로 들어왔다. 카리스마 있고 유머러스했지만 때론 위압적인 구석이 있는 남자였다. 보통은 사랑이 넘쳤으나 상대가 자신의 친절을 받을 자격이 없다고 생각하거나 목표 달성에 방해가 된다고 판단하면 단박에 그 사랑의 한계를 드러냈다. 소피아는 달랐다. 그녀는 자기주장이 강한 편이긴 했으나 그만큼 공감 능력도 발달했고 그래서 가끔 인생이 고달팠다. 예민함은 양날의 검이었다. 그런 성격 덕분에 직업에서 성공할 수 있었지만 루벤의 표현대로라면 "에너지를 효율적으로 활용하는 기능이 떨어지는 편"이었다. 돌이켜 보면 그들의 관계가 어긋난 게 놀라운 일은 아니었다.

그리고 얼마 전 그녀의 인생에 나타난 레오나르도가 두 번째 은행가였다. 그는 그녀에게 자기 재정에 더 많은 책임을 지라고 채근하고 있다. 그녀가 런던에 있던 시절 루벤도 그랬었다. 그는 그녀가 독립해서 자기 사업체를 꾸려야 한다고 주장했다. 이제 루벤은 없다. 하지만 그가 그녀 곁에 있든 없든 간에, 그 주장은 정당했다. 지금까지 그녀는 자신의 미래 재정에 너무 소홀했다.

소피아는 창밖을 바라보았다. 최근 몇 주 동안 그녀는 더 건강하고 날씬하게 살기 위해 몇 가지 루틴을 세웠고, 벌써 긍정적인 변화를 실감하고 있다. 식단과 운동에 관한 이론에는 빠삭했으므로 부족한 건 동기와 추진력뿐이었다. 하지만 재정 문제는 달랐다. 그 분야에 있어서 그녀는 문외한이었고, 미국의 경영 대학원에서 공부할 때 얻은 몇 가지 지식 외엔 아는 게 없었다.

그래도 레오나르도에게 받은 편지에서 돈의 심리학과 켄

혼다가 말한 '돈 IQ'와 '돈 EQ'의 차이에 관한 대목은 그녀의 귀를 솔깃하게 했다. 소피아가 수년간 코칭을 하면서 관찰한 내용과 겹치는 부분이 많았다. 직업에서 대성공을 거둔 사람도, 엄청난 성과급을 받은 사람도, 혹은 젊은 나이에 백만장자가 되어 파이어족이 된 사람도, 자기가 이룬 것에서 영구적인 행복을 느끼는 것은 아니었다. 그녀의 고객 중 직업적으로나 재정적으로 엄청난 성과를 거둔 사람들도 얼마 후면 그로 인한 기쁨이나 고양된 기분이 휘발되는 것처럼 보였다. 마침 소피아는 '리더십의 신경과학적 측면'이란 주제로 강의를 준비하던 차라, 신경과학적 관점에서 이 현상을 분석해 본 적이 있었다. 그 현상의 원인은 이미 우리에게 익숙한 친구, 즉 신경 전달 물질인 '도파민'으로 보였다. 체내 도파민 수치는 상황에 따라 시소처럼 끊임없이 오르내렸다.

행복의 정점에 도달하여 자신의 성취에 안주하는 것은 인간의 진화 생물학적 계획에는 없는 일이다. 인간은 무언가를 열망하는 존재로 만들어졌다. 아무리 돈이 많아도, 계좌에 돈이 많이 쌓여 있어도, 매일 노력할 목표가 사라진 사람은 공허와 무기력을 느낀다. 이 문제에 관한 단 한 가지 합리적 해법은 자신의 만족을 끊임없는 노력과 연결하는 것이다. 그리고 목표를 이루었을 때 느끼는 감정은 결코 그 전의 설렘과 기대를 넘어설 수 없다는 현실을 받아들여만 한다. 이건 인간이 극복할 수 없는 자연의 법칙이다. 일하면서 오스카 수상자를 상담해 본 그녀의 경험에 따르자면, 하물며 오스카를 수상한다 해도 영구적 만족은 얻을 수 없다.

소피아의 시선은 테이블 옆 기린 조각상에 고정돼 있었지만 실은 그 너머를 보고 있었다. 그녀는 생각에 잠겼다. 물론 레오나르도가 말한 '돈 IQ' 혹은 '금융 지능'에는 다른 측면도 있을 것이다. 소피아는 돈을 버는 데는 능숙했으나 이제껏 자신의 미래 재정 계획에는 소홀했고, 가치 있는 곳에 돈을 투자할 시간도 없었다. 재정에 관한 주제는 언제나 지루하거나 무섭게만 느껴져서 오랫동안 피해 왔다. 하지만 이제는 태도를 바꾸기로 굳게 결심했다. 그녀는 배우는 걸 좋아했다. 아마 이 주제도 일단 파고들면 호기심이 깨어날 것이다. 이미 전날 금전적 자유와 개인 재정 계획에 관한 입문서 두 권을 구입했다. 먼저 그 책을 읽은 다음, 레오나르도가 제안한 대로 숫자를 종이에 적어가며 자신의 재정 현황을 파악할 것이다. 또한 인터넷으로 코치가 될 만한 사람들도 검색해 두었다. 특정 금융 상품과 무관하면서도 개인 재정에 관한 상담 서비스를 제공하는 전문가들이 베를린에도 몇 명 있었다. 그녀 자신도 코칭을 업으로 하고 있으므로, 코칭 분야의 새로운 장을 열 기회라고 생각했다. 하지만 일단은 개인 재정 분야에 관한 책을 읽고 개요부터 파악하기로 했다.

그녀는 미소 띤 얼굴로 혼다 씨와 행복한 돈과 불행한 돈에 관한 그의 이론을 떠올렸다. 루벤은 과연 고객을 상담할 때 그런 생각을 해 본 적이 있을까? 그녀 마음에 들든 안 들든, 어쨌거나 대답은 '그렇다'일 가능성이 크다. 그가 그녀 생각만큼 무자비한 인간은 아니다. 실연으로 상처 입은 마음은 실상보다 상대를 삐뚤게 보고자 할 때가 많은 법이다. 이별한 커플은 서로를 이기적이라고 비난하는 데 골몰하기 십상이지만, 그보다는 자신의 성장과 성찰에 집중하는 편이 합리적이다.

소피아는 남은 커피를 마시고 계산을 마친 다음 자전거에 올라탔다. 크로이츠베르크를 관통하는 운하와 초록 강변의 아름다움에 감탄하며 페달을 밟았다. 세계 각지에서 온 사람들로 카페와 상점, 레스토랑이 북적였다. 그녀는 보통 프란츠라우어베르크나 베를린 시내에서 시간을 보내는데, 말끔하게 단장한 그곳의 거리보다 이곳이 훨씬 마음에 들었다. 집에 거의 다다랐을 때 그녀는 문득 몇 년 전 덴마크에서 카렌 블릭센의 생가를 방문했던 사실을 떠올렸다. 그녀도 어린 시절 부모님과 〈아웃 오브 아프리카〉를 봤다.

루벤의 추천으로 코펜하겐 출장을 마치고 '룽스테드'라는 해안가 작은 마을을 찾은 것도 그 영화 때문이었다. 마을 중심에서 숲길을 1.6km 정도 걸어 들어가자 집이 나왔다. 소피아는 그 작은 집을, 특히 카렌 브릭센이 세상에서 가장 유명한 아프리카 이야기를 쓴 작업실을 흥미롭게 둘러보았다. 그리고 언젠가 자신도 그런 창의적인 형태의 글쓰기에 몰두할 수 있을까를 생각했다. 어릴 때 그녀는 예술가나 음악가, 화가나 작가가 되는 꿈을 꾸었다. 하지만 자기 재능이 충분치 않으리라 의심한 나머지 그 꿈을 이루지 못했다. 지금 그녀는 베를린 한가운데에 앉아, 나이 많은 한 은행가가 한 작가의 아프리카 영지를 여행한 일화가 담긴 편지를 읽고 있다. 그로부터 수년 뒤, 그녀 또한 덴마크에서 호기심과 경외심을 품고 그 작가의 집을 방문했다. 그리고 나이 많은 은행가는 이제 그녀에게 그녀를 창조적 글쓰기로 이끌 프로젝트에 참여해 달라고 간곡히 요청한다.

삶은 신비다. 그것 말고는 삶을 이해할 방법이 없다.

레오나르도의 여섯 번째 편지
우리의 정신

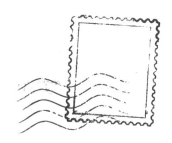

"오늘 한 생각이 내일의 나가 된다."
부처

친애하는 소피아,

산타바바라는 오늘도 굿모닝입니다. 혹시 야자나무를 좋아하세요? 나는 정원사에게 부탁하여 원래 일본식 다실이 있던 자리에 작은 야자나무 묘목 두 그루를 심었습니다. 내가 이 땅에서 사라져서 바바라가 있는 광활한 우주로 떠나더라도 이 나무들은 무성하게 자랄 거란 생각을 하면 마음이 한결 편하답니다. 나는 집 가까이에 있는 나무를 레오나르도, 해변 가까이에 있는 나무를 바바라라고 부릅니다. 어쩌면 당신은 이 늙은이가 어떻게 이렇게 어린애처럼 노는지 궁금해할지 모르겠어요. 진실을 말하자면, 몸은 늙었지만 내 안에는 여전히 어린아이가 살고 있습니다. 인생을 이제 막 시작할 무렵에 우리는 어른이 되면 내면이 다르게 느껴지리라 생각하죠. 하지만 그건 그렇지 않아요. 우리의 정체성은 나무처럼 자랍니다. 옛것은 그대로 남고, 그 위에 새것이 더해지지요.

이쯤 해서 본론으로 들어갈까 해요. 소피아, 우리의 정신, 영혼, 심리는 인생은행을 구성하는 '5대 계좌' 중 가장 복잡한 요소입니다. 내가 편지에서 정신에 관한 얘길 꺼낸 게 이번이 처음은 아닐 거예요. 우리의 내면세계와 그 안에서 일어나는 일을 설명하는 단어는 무수히 많습니다. 하지만 우리의 임무는 개념을 완벽하게 규정하는 것에 목적을 두지 않아요. 일단은 여타의 개념들, 즉 생각이나 정서, 인식과 사고, 정체성, 개성, 의식과 무의식 등을 아우르는 개념으로 정신을 규정합시다. 당신도 알다시피 이 영역에서는 눈에 보이지 않는 역학이 작용하지요. 그 역학에 의해 우리의 삶과 주변의 모든 것을 경험하고 바라보는 우리 내면의 관점이 결정됩니다.

이것은 은행가에게도 매우 흥미로운 주제입니다. 금융과 심리학은 보기보다 긴밀하게 연결돼 있어요. 바바라 또한 시간이 지날수록 심리학에 대한 관심이 커졌어요. 그녀는 의대에서 정신 건강과 신체 건강 사이의 연관성을 거의 가르치지 않다는 이유가 무엇인지 이해할 수 없어 했어요. 그러던 어느 날 우연히 의대 동창인 알렉스를 만난 것을 계기로 그 관심은 더욱 깊어졌습니다. 내 아내와 알렉스는 졸업 후 같은 제약 회사로부터 취업 제안을 받았어요. 제안을 받아들인 알렉스는 그때부터 줄곧 그 회사에서 일하고 있었습니다. 둘은 산타바바라의 전망 좋은 레스토랑에서 만나 항구를 내려다보며 저녁을 먹었어요. 알렉스는 현재 난관에 봉착한 어떤 프로젝트에 대해 설명했고, 바바라는 거기에 귀를 기울였지요.

"다 잘 흘러가는가 싶더니 '미스터 플라세보' 때문에 우리 계획이 엉망이 된 거야. 내가 정말 싫어하는 유형의 일이지!"

바바라는 혼란스러운 표정으로 그를 바라보았어요. "지금 누구 얘기하는 거야?" 그녀는 자기가 친구 말을 제대로 들었는지 확신이 없었어요.

그러자 알렉스가 놀란 표정으로 그녀를 쳐다보았습니다. "바바라, 학교 다닐 때 네 별명이 '슈퍼카'였던 거 알지? 너는 모든 책을 초고속으로 읽어 치웠잖아. 그러니까 제발 그런 눈치 없는 질문으로 나를 실망시키지 말아 줘."

그런 별명은 한 번도 들어 본 적이 없었던 바바라는 크게 웃어 재꼈어요. 그리고 마침내 웃음보가 가라앉자 큰 소리로 기분 좋게 말했지요. "아니, 발음을 잘했어야지! 플라시보 효과Placebo effect를 말하는 거지?"

"그래, 친구야. 정신 차려!"

알렉스는 걱정하는 척하며 그녀의 어깨를 가볍게 툭 쳤습니다. 바바라가 마치 예전으로 돌아간 것 같다는 생각을 하고 있을 때, 알렉스는 하던 말을 이어 나갔죠.

"네가 믿든 안 믿든, 우리 임상 연구에서 제일 골칫거리인 것들 중 하나가 플라시보 효과야. 우리가 이 업계에서 제법 돈을 잘 번다는 건 비밀이 아니지. 그러니 내 일이 재미없다고 한다면 그건 거짓말일 거야. 하지만 동시에 우리는 수익을 내고 주주들을 만족시켜야 한다는 엄청난 압박을 받고 있어. 당연히 우리도 사람들을 돕고 싶지. 하지만 다른 모든 회사처럼 우리에게도 달성해야 할 목표가 있는 거잖아. 내가 보기에 올해는 힘든 해가 될 것 같아. 전도유망한 약품 세 가지를 개발 중인데, 우리의 오랜 친구 '미스터 플라시보'가 그 하나하나를 방해하고 있어."

바바라는 의대를 다니던 시절부터 아무런 효력이 없는 설탕 캡슐이 오직 기대만으로 통증을 완화하거나 회복 과정을 촉진할 수 있다는 플라시보 효과 이론에 큰 흥미를 느꼈어요.

"거짓말처럼 들리겠지만 '플라시보'의 라틴어 뜻이 '내가 기쁨을 줄게요'라는 거 알아?"

알렉스가 한숨을 쉬며 대꾸했어요. "그건 잘 모르지만 내게 기쁨을 주지 않는 것만은 확실해!"

그는 웃으며 마치 보이지 않는 적과 싸우는 것처럼 허공에 주먹질을 몇 번 했죠. 바바라는 자신을 웃기려는 그의 행동에 웃음으로 장단을 맞추면서도 자기 안에서 호기심이 깨어나는 걸 느꼈어요.

"근데 진지하게 말해줄 수 있어? 과학에서 플라시보 효과를 어떻게 설명하는지?" 바바라가 물었어요.

"과학에서?" 알렉스가 어깨를 으쓱였죠. "설명할 게 없어. 모든 게 그저 공상이니까."

그는 잠시 생각을 정리하려는 듯 말을 멈췄어요. 그런 다음 진지한 연구자이자 의학자의 목소리로 설명을 시작했죠.

"우리의 이론상 플라시보 효과는 반응에 대한 기대에서 비롯한 심리적 자기 충족 효과야. 느낌이 달라질 것이라는 환자의 믿음이 실제로 다르게 느끼도록 하는 거지. 효과적인 치료를 받았다는 확신이 실제 치료에서 기대하는 변화를 일으키는 거야."

알렉스는 잠시 말을 끊었다가 다시 이었어요.

"어떤 면에서는 이 모든 게 심리학적 헛소리일 수도 있지만, 어쨌든 확실한 사실은 그게 내 연구 일정을 망치고 있다는 거야!"

바바라는 못 말린다는 듯이 고개를 저었고 둘은 다시 웃었습니다. 알렉스는 진중한 사람이 아니었지만 그래도 그녀는 그를 높이 평가했어요. 그는 노련한 과학자로 그간 놀라운 성과를 이루었죠. 반면 바바라는 현장에서 환자들을 돌보았고, 그 덕분에 광범위한 이론에 대한 실증이 아닌 환자 개개인의 운명에 관심이 많았습니다. 그녀가 그날 나눈 대화의 의미를 두고두고 곱씹은 것도 그래서였죠.

✕

그로부터 몇 주간 바바라는 플라시보 효과 연구에 돌입했습니다. 그 결과 알렉스의 주장과 달리 플라시보 효과는 사람들의 머릿속에서만 일어나는 것이 아니라 실질적인 신체적 변화를 일으키며, 그 결과는 보수적인 임상 진단으로도 측정이 가능하다는 사실을 알게 되었습니다. 플라시보 약을 복용한 사람들은 혈압과 심박수, 뇌의 화학 작용, 혈액 검사 결과 등에서 긍정적인 변화를 보였어요. 그 덕분에 수술 없이도 병이 치료되거나 우울증이 완화된 경우도 있었습니다. 그리고 반대 현상도 일어났어요. 라틴어로 '나는 해를 끼칠 것이다'라는 의미의 '노시보 효과Nocebo effect'는 플라시보 효과만큼이나 강한 위력을 발휘했지요. 관련한 의학 연구에서 참가자들을 독성이 있는 담쟁이덩굴과 접촉했다고 믿게 했더니, 독성에 대한 두려움만으로도 발진이나 종기, 가려움증 등 눈에 보이는 증상이 일어났어요. 반대 실험에서는 사람들에게 실제로 독성이 있는 담쟁이 덩굴을 피부에 닿아도 아무 해가 되지 않는다고 설명했더니, 이번에는 덩굴에 접촉한 여섯 명 중 한 명 미만만 알레르기 반응을 보였지요. 바바라는 이런 연구 결과에 매료되긴 했으나 새로운 깨달음으로 어떤 가치 있는 일을 시작할 수 있을지 막연했습니다.

"그래서 이제 어떡하지 레오나르도?" 나는 그것이 일종의 수사적 질문이라는 걸 알았어요. 우리는 방금 신선한 샐러드와 구운 연어에 나파밸리산 와인을 곁들여 만족스러운 저녁 식사를 마친 참이었죠. 나는 그녀가 몇 주간의 독서와 연구 끝에 바야흐로 결론을 내릴 순간을 맞이했음을 직감했습니다. 그리고 내 아내는 기대를 저버리지 않았죠.

"이 연구들은 우리에게 자가 치유의 생물학적 메커니즘이 있다는 걸 분명하게 보여주고 있어. 생각의 힘만으로도 우리 스스로를 치유할 수 있다는 거지. 오직 우리의 태도와 내면의 신념만으로도 신체적 현실에 변화를 가져올 수 있다는 뜻이야. 그런데 이 혁명적인 발견에 아무도 관심을 기울이지 않고 있어!"

나는 고개를 끄덕였고 바바라는 계속 말했습니다.

"이 효과를 촉진하려 애쓰는 의사가 늘어난다면 우리가 얼마나 더 많은 것을 이룰 수 있을지 생각해 봐."

그녀는 말을 잠시 멈췄다가 계속했지요.

"하지만 이걸 이루기 위해 설탕 알약이 정말 필요한 걸까? 혹시 사람들에게 속임수를 쓰지 않고도 같은 효과를 얻는 방법을 가르칠 수는 없을까?"

바바라는 내가 아니라 바다를 바라보고 말했어요. 나도 와인 한 모금을 마시고선 같은 곳을 바라보았지요. 엄밀히 말하면 그건 대화가 아니었지만, 나는 아내에게 필요한 만큼 생각할 여유를 주는 것에서 만족을 얻었습니다.

"만약 우리가 그냥 그렇게 믿을 수 있다면? 플라시보 약을 복용한 사람과 같은 상태에 도달하는 법을 배운다면?"

그 순간 나는 바바라의 머릿속이 폭포와 같으리라고 상상했어요. 생각과 생각이 꼬리를 물고 하나의 질문이 다음 질문으로 이어졌지요. 그리고 우리 둘 다 그 순간을 사랑했습니다.

잠시 후 함께 부엌을 정리하면서 나는 그녀에게 플라시보 효과가 아론 안토노브스키 교수의 연구를 다른 시각으로 바라보기에도 도움이 되는 건 아닌지 물었어요. 그 순간 쩽

그랑하는 소리와 함께 내가 제일 좋아하는 와인 잔이 바닥에 산산조각 난 것을 보았습니다.

"오 주여, 저에게 이렇게 멋진 남편을 주시다니요!" 바바라는 연극배우 같은 몸짓으로 내 손을 잡았어요. "정말 대단한 발상이야, 레오나르도. 우리 그 얘기를 좀 더 해 보자."

내가 바닥에 깨진 조각을 청소하려고 진공청소기를 가져오려 했을 때 그녀는 나를 와락 껴안았어요. 그녀는 이미 와인 잔 따위는 잊어버린 듯했지요.

한동안 바바라는 이 주제에 관한 생각을 멈추지 못했어요. 인간의 정신력이 이토록 강하다면 어째서 현대 의학은 플라시보 효과를 의도적으로 활용하지 않고 오히려 쓸모없고 성가신 것으로 치부하는 걸까? 안토노브스키 교수가 연구에서 지적한 심리학적 측면 또한 이와 일맥상통한 것 아닐까? 그런데도 그녀가 이제껏 그 사실에 주목하지 못한 이유는 무엇일까? 새로운 질문이 꼬리에 꼬리를 물었고, 비록 그 질문에 모두 답하려면 그녀의 평생을 다 바쳐도 모자라겠지만, 그래도 그녀는 바로 행동하고 싶었습니다. 좋은 의사이자 치유자가 되기 위해 노력하는 사람은 생각의 힘을 무시해선 안 된다는 사실을 분명히 알았으니, 일단은 그것으로 만족했지요.

그리고 바바라는 다시 대학에 가기로 결정했어요. 업무량을 대폭 줄인 다음, 심리학과에 등록했습니다. 캠퍼스로 돌아간 바바라는 책과 학문의 세계에 기꺼이 빠져들었어요. 그녀의 영혼은 우연히 발목을 붙드는 아주 작은 정보에도 감사했죠. 심지어 나이 때문에 자기가 듣는 수업의 교수로 오해받는 상황조차 개의치 않았어요. 그러던 어느 날, 그녀는 일종의 데자뷔를 경험했습니다. 심리적 기능 장애에만 관심을 쏟을 게 아니라 생활을 정상적으로 개선하는 일에도 관심을 보여 달라고 촉구하는 유명 심리학자의 주장을 읽던 중, 지금까지 자기가 수강한 모든 수업이 정상적인 심리 기능의 반대 측면에만 초점을 맞추고 있다는 사실을 깨달았습니다. 당시 심리학 수업은 정신 질환 하나하나를 면밀히 조사하는 식으로 이루어졌습니다. 그리고 그녀는 그 수업에서는 자신이 원래 찾으려 했던 것을 결코 찾을 수 없으리란 사실을 뒤늦게 깨달았지요.

그녀가 자신이 관찰한 바를 몇몇 교수들과 공유했을 때 그들의 반응은 기대만큼 긍정적이지 않았어요. 하물며 그때까지 바바라의 경력과 경험을 존중했던 사람들조차 서서히 그녀와 거리를 두려 했지요. 아내는 그런 반응에 놀라고 상처받았지만 포기하지는 않았습니다. 그녀는 대학에서 가르치는 임상 심리학이 소기의 목적을 충실히 수행하고 있다는 사실은 인정하면서도, 분명 놓치고 있는 무언가가 있다는 사실까지 묵과하진 않았죠. 시스템이 그렇게 흘러간다는 건 진즉 알고 있었어요. 서양 의학과 심리학은 질병에 관한 치료와 연구를 체계화하기에 성공한 것처럼 보이지만, 건강을 이해하고 증진하는 면에서는 미흡한 점이 많았습니다. 그래서 일찌감치 공부를 접어야 하는 게 아닐까도 고민했지만, 어느 날 갑자기 생각을 바꾸더군요.

어느 화창한 가을날, 바바라는 캠퍼스를 거닐다가 자기 앞에서 천천히 걸어가던 학생 둘이 새로 온 객원 교수인 다니엘 골먼Daniel Goleman에 관해 이야기하는 걸 들었어요. 그는 하버드 대학교에서 심리학으로 박사 학위를 받았고, 소문에 따르면 《뉴욕 타임스》에서 기자로 일한 경력도 있었죠. 그리고 바로 그날 오후 소방차처럼 빨간 폭스바겐을 타고 캠퍼스에 나타난 골먼 교수를 보았을 때, 바바라는 그가 지난 일 년간 경험한 수업과는 다른 무언가를 가르쳐줄 사람임을 직감했습니다. 그 직감은 현실이 되었지요.

그의 세미나는 경이로웠습니다. 다니엘의 수업은 주로 동양 심리학에 초점을 맞추었어요. 그는 불교의 심리학 체계와 다양한 명상 실천법에 관해 이야기했고, 꾸준한 정신적·

영적 훈련을 통해 개인의 성격적 특성에도 변화를 도모할 가능성이 있다고 강조했습니다. 서양 심리학에서는 불가능하다고 여겨졌던 것이지요. 그는 특히 인도를 장기 여행했던 경험을 생생하게 묘사하면서, 그 여행이 자신의 삶에 큰 영향을 미쳤다고 말했어요. 그의 강의에 감동한 바바라와 나는 그의 책,《명상의 과학》을 함께 읽으며 그가 이야기하는 것을 직접 경험해 볼 수 있을지를 자문했지요.

우리는 즉석에서 다음 여름휴가 계획을 세웠습니다. 눈 덮인 언덕과 푸른 계곡으로 둘러싸인 히말라야의 아름다운 마을, '달하우지'가 목적지였어요. 그곳에서 우리는 다니엘에게 추천받은 10일짜리 명상 수업에 참석하기로 했어요. 숙소에 도착하자마자 우리는 독특한 숙소 배치에 관한 안내를 받았습니다. 나는 남성용 텐트에서, 바바라는 여성용 텐트에서 자야 했지요. 젊을 때라 하루 중 아내와 단둘이 지낼 시간이 조금이라도 있기를 바랐어요. 그러나 불평할 새도 없이 '고귀한 침묵의 규칙'에 관한 설명이 이어졌고, 그건 열흘 간 단 한 단어도 입 밖으로 내뱉을 수 없다는 뜻이었습니다. 나는 좌절했어요. 그래도 바바라와 함께 오래전부터 준비했던 여행이니만큼 일단은 상황을 있는 그대로 받아들이려 애썼습니다. 현실은 말만큼 녹록하지 않았지만요!

매일 아침 우리는 명상실로 가서 준비된 방석 위에 앉았어요. 일정표에 따르면 우리는 하루에 12시간씩 명상할 예정이었고, 그 시간 동안은 방석이 곧 우리의 집이었습니다. 첫 며칠간 우리에게 맡겨진 숙제는 반연꽃 자세를 유지하고 앉아서 숨이 콧구멍을 통과해 아랫배로 흘러가는 감각에 몰두하는 거였어요. 그게 다였고, 더는 없었습니다. 얼마 지나지 않아 나는 다리와 등이 아파서 참을 수가 없었어요. 때론 그런 내 꼴이 너무 어이가 없어서 피식피식 웃음이 새어 나왔죠. 은행의 동료들이 이런 내 모습을 볼 수 없어 다행이라 생각했어요. 이 훈련의 비용과 편익을 비교해 분석한다면 결코 내게 유리한 결과가 나올 것 같지 않았습니다. 이전까지 내 몸에 존재하는 줄도 몰랐던 근육 부위에 경련이 일어날 때까지 가만히 앉아만 있기에는 세계 반대편까지 날아오느라 우리가 들인 돈과 시간과 에너지가 너무 컸어요. 내게 오로지 호흡만 관찰하는 것은 불가능한 일이었기에, 나는 내 생각을 좀 더 자세히 뜯어보기 시작했습니다. 그러다 흥미로운 걸 발견했지요. 내 안에는 별생각 없이 그저 끊임없이 나불대면서 화제를 계속 바꾸는 목소리가 하나 있었어요. 우리의 영적 스승께서는 그걸 알아채신 게 분명했고, 침묵 훈련 며칠 만에 불쑥 이렇게 말씀하셨습니다.

"배회하는 마음은 불행한 마음입니다."

내 얼굴에 미소가 스쳤어요. 나는 무언가를 들킨 기분으로 다시 호흡에 마음을 쏟으려 애썼지만 어쩌다 한 번 성공할 뿐이었어요. 그래도 서서히, 아주 서서히 변화가 일어나기 시작했지요. 마침내 나는 생각, 감정, 신체 감각과 나를 동일시하지 않은 채로 그것들을 관찰할 수 있는 장소가 내 영혼에 있다는 것을 깨달았습니다. 이보다 더 나은 표현을 찾기가 어렵군요. 생각과 감정과 감각은 하늘에 구름처럼 내 안을 떠다니더군요. 그리고 점점 더 심해지는 근육 경련을 힘들게 참아 내는 동안 어느새 나는 호흡의 리듬에 나를 맞추기에 성공할 수 있었습니다. 차츰 나는 새로운 평안에 눈을 뜨게 되었어요. 처음엔 그걸 알아차리지 못했지만, 때때로 완전한 몰입 상태를 경험했고, 깊은 내면의 평화를 느꼈습니다.

열흘간의 수업 말미에 나는 이런 방식으로 자신의 현존을 받아들이고 몇 시간씩 앉아 있는 것에도 아무런 불편함을 느끼지 않게 되었어요. 바바라도 마찬가지였죠. 시간의 본성이 변한 것처럼 보였습니다. 우리는 이제껏 경험한 적 없을 정도로 강렬하게 우리의 내면을 경험했고, 축복받은 기분을 느꼈습니다. 막상 미국으로 돌아오는 길에 연착과 결항으로 여러 공항을 전전하게 되자 내적 고양감은 서서히 줄어드는 것 같았지만요. 집으로 돌아와 다시금 명상을 시작하자 우리의 몸과 영혼을 치유하는 효과를 누릴 수 있었습니다. 하지만 완전한 행복의 상태에 다시 도달하는 것은 쉽지 않았죠. 우리는 그것을 낯선 나라로 떠나는 여행에 비유하곤 합니다. 비록 우리가 그곳이 존재한다는 것을 안다 해도, 우리를 그곳에 데려다줄 교통수단은 우리가 바라는 것만큼 신속하지 않습니다.

고대 그리스 사상가인 헤라클레이토스는 이미 2천 년 전에 "같은 강에 두 번 들어갈 수 없다."라는 말을 남겼어요. 학업과 여행, 시간제 근무로 3년의 세월을 보내고 다시 상근직으로 복귀한 바바라는 그 말을 체감했죠. 우리 인생의 강바닥에서는 새로운 물이 흘렀고, 우리 안에서도 변화가 일어났으며, 그중 대부분은 더 나아지는 쪽으로 나아갔습니다. 바바라가 근무하는 병원에는 계속 환자가 늘었고, 톰과 바바라, 그리고 바바라가 공부를 위해 자리를 비운 사이 팀에 합류한 동료 센딜은 언제나 바빴어요. 병원이 커지면서 구성원 각자가 자신만의 강점과 관심사에 따라 진료할 수 있게 된 것은 장점이었죠. 톰은 여전히 필요성을 인정받는 전통 의학에 관심이 많았고, 센딜과 바바라는 식품 의학과 생활습관의학을 전문으로 했어요. 바바라는 병원에 일어난 이 신선한 변화를 매우 반가워했지요.

하지만 복귀한 지 불과 몇 달 만에 바바라와 센딜은 그들이 해결할 수 없는 문제에 자꾸만 부딪혔습니다. 그들은 환자를 세 부류로 나누었어요. 첫 번째는 의사의 진단과 확실한 약 처방, 그리고 통례에서 벗어나지 않는 치료를 바라면서도 자기 생활 습관을 바꾸는 일에는 아무 관심이 없는 부류입니다. 두 번째는 자기 건강을 책임지는 새로운 방식을 받아들이는 것에 개방적인 부류지요. 그들은 큰 잡음 없이 신체적 요구에 자기 생활 방식을 맞춘 덕분에 놀라운 결과를 낼 때가 많았어요. 세 번째는, 마찬가지로 건전한 의지를 불태우지만, 선의에도 불구하고 목표에 부합하는 태도를 지속적으로 유지하기에는 실패하는 부류였지요. 바바라와 센딜은 어떻게 해야 그들처럼 태도를 바꾸길 원하지만 쉽게 해내지 못하는 사람들을 도울 수 있을지를 고민했어요.

달하우지의 명상에서 영감을 얻은 바바라는 그들에게 마음챙김 연습을 제안했어요. 환자들이 자기 생각과 감정, 행위를 철저하게 의식적으로 관찰하고 그것을 메모로 남기는 게 핵심이었죠. 그리고 그 결과를 읽는 동안 바바라는 환자 중 다수가 겉으로는 명랑하고 낙천적으로 보일지라도 내면은 긴장 상태라는 것을 확인할 수 있었습니다. 그런 상태에서 그들은 자신이나 타인, 혹은 자신을 둘러싼 상황에 대해 부정적이거나 문제 해결에 방해가 되는 쪽으로 생각하는 경향이 강했어요. 그런 생각은 다시금 짜증스러운 감정을 일으켰고, 그 감정은 또다시 폭식이나 약물 복용 등 파괴적인 행동으로 이어져 결국 더 큰 좌절을 낳았습니다.

많은 사람이 내적으로 자기 자신과 비극에 가까우리만큼 파괴적인 대화를 나누고 있었고, 바바라와 센딜은 오랫동안 그런 환자들을 더 잘 도울만한 해결책을 찾지 못했어

요. 그러나 신경심리학 분야에서 점차 새로운 사실이 발견됨에 따라 사람들이 왜 그렇게 생각하고 느끼고 행동하는지, 그리고 거기에 어떤 식으로 영향을 미칠 수 있는지에 대한 정보가 늘어났습니다.

이 중요한 정보를 일반인인 당신에게 전달할 방법을 찾던 중, 내게 창의적인 아이디어가 떠올랐어요. 그래서 이제 이어질 단락에서는 대화체로 내용을 전달할까 해요. 말리부에 있는 신경과학연구소에서 뇌과학을 연구하는 나의 이웃, 이사벨에게 부탁하여 나눈 대화의 내용입니다. 우리가 진정으로 원할 때 어떻게 하면 인생에서 진정한 변화를 일으킬 수 있는지, 함께 그 비밀을 밝혀 볼까요?

1. 생각과 감정의 해부

"이사벨, 뇌과학적 관점에서 생각과 감정이란 무엇인가요? 우리에게 쉽게 설명해 줄 수 있어요?"

이사벨이 웃었다. "레오나르도, 까다로운 부탁이군요. 하지만 어디까지 할 수 있는지 일단 한번 해 봅시다."

그녀는 설명을 시작하기 전에 속으로 할 말을 정리하려는 듯 자세를 바로 했다.

"우리의 뇌는 수십억 개의 신경 세포로 이루어졌습니다. 우리는 그것들을 '뉴런'이라고 부르지요. 사람이 생각하거나 느끼거나 행동하려면 이 뉴런들이 서로 소통해야 해요."

이사벨은 내가 메모하는 동안 잠시 말을 멈춘다.

"여기서 소통이란 하나의 신경 세포가 화학적 신호, 즉 신경 전달 물질을 방출하면, 그다음 신경 세포가 그걸 받아들이는 과정을 계속해서 이어간다는 뜻이에요. 만약 같은 신경 세포들이 서로 자주 소통한다면, 예컨대 우리가 같은 생각을 자꾸만 되풀이한다면 이 세포들 사이의 시냅스 연결이 강화되고 신경 간 경로가 발달합니다."

이사벨은 다시금 내가 메모를 완성할 시간을 주었어요.

"우리의 뇌를 시시각각 변하는 상호 연결된 전력망이라고 상상해 보세요. 우리가 생각하거나 느끼거나 행동할 때마다 이 망에 포함된 수십억 개의 신경 회로에서 불빛이 반짝여요. 그 경로 중 특히 안정적인 몇 개는 우리의 고정된 생각이나 감정, 행동 방식, 즉 습관에 관련한 신경 회로입니다. 그런 경로들은 뇌 안에 건설된 '고속도로'와 같아요. 항상, 반복적으로 사용되며 하물며 지금 당장은 도움이 안되거나 의미가 없을 때도 활용이 됩니다."

"예를 들어서 설명해 줄 수 있어요?" 내가 물었다.

"그럼요. 만약 자신이 충분하지 않다는, 사랑받을 자격이 없고 능력이 부족하고 똑똑하지 않다는 생각을 자주하면 그게 신념이 되어 뇌 깊이 새겨져요. 한번 그렇게 되면 그 목소리가 자동으로 머릿속에 울려 퍼지죠. 부정적인 생각과 확신이 아침부터 저녁까지 우리를 괴롭히게 됩니다. 그런데도 우리 대부분은 그 목소리의 실체를 인식하지 못해요."

"그런 현상의 긍정적인 사례도 있겠죠?" 나는 궁금했다.

"네, 물론 반대로 작용할 때도 있어요. 만약 우리가 어린 시절이나 청소년기에 높은 수준의 자신감과 자기애를 형성했다면, 이후 인생에서 어떤 환경이 펼쳐지든 간에 오래도록 유지될 가능성이 커요. 자신감의 신경 경로가 분명히 갖추어졌기 때문이죠."

"흥미롭네요! 이사벨, 그렇다면 우리의 생각과 감정은 어떻게 연결돼 있나요?"

이사벨은 손가락을 고리처럼 맞잡아 보였다. "생각과 감정은 긴밀하게 엮여 있어서 서로 뗄 수 없어요. 우리가 어떤 생각을 할 때 뇌가 생산하는 것은 한 세포에서 다른 세포로 신경 회로를 따라 이동하는 신경 전달 물질만이 아니에요. 우리의 생각에 따라 감정을 일으키는 전달 물질도 만들어지죠."

"전달 물질이 뭔가요?"

"전달 물질 중 가장 잘 알려진 것은 도파민이에요. 추진력과 동기를 일으키는 분자입니다. 유대감과 신뢰를 일으키는 분자인 옥시토신이나, 행복, 만족감 그리고 인정받은 기분을 일으키는 분자인 세로토닌도 꽤 유명하지요. 그리고 엔도르핀은 회복력을 강화하고 고통을 견디는 힘을 줘요. 우리의 기분을 밝아지게 하는 우리만의 약국인 셈이죠."

"그런 전달 물질이 분비되게 하려면 어떻게 해야 하죠?"

"어려울 건 없어요, 레오나르도. 도파민은 우리가 어떤 과제를 완성하거나 목표를 달성했을 때 분비되므로, 나는 사람들에게 하루를 생산적으로 시작하고 권합니다. 당장 정해진 일이 없는 사람이라면 자기 침대를 정리하는 것만으로도 시작이 될 수 있어요. 작은 성공은 또 다른 성공을 낳습니다. 여기서 핵심은 자신의 성공을 인식하는 거예요. 거기서 생긴 에너지가 온종일 우리를 이끌도록 하는 거죠."

"'천릿길도 한 걸음부터'라는 속담과 일맥상통하는 얘기로군요." 내가 덧붙였다.

이사벨이 고개를 끄덕였다.

"이제 그 각각의 신경 전달 물질이 어떤 역할을 하는지 살펴볼까요. 옥시토신부터 시작하죠. 옥시토신은 우리가 누군가를 친밀하다고 느낄 때 분비됩니다. 자기 몸을 마사지하거나 온수로 목욕할 때처럼 자신과의 관계에서 친밀감을 느낄 때도 분비되지요. 마음을 안정시키고 이완을 촉진하는 옥시토신의 기능은 직장에서도 중요하게 작용합니다. 직원들이 창의적이고 혁신적으로 일하길 원한다면 친밀하고 편안한 직장 분위기를 조성해야 하는 이유지요."

이사벨이 나를 확인하는 눈빛으로 바라보았다. "혹시 제 말이 너무 빠른가요?"

"아니에요, 잘 이해하고 있습니다." 나는 그녀를 안심시켰다.

"옥시토신만큼 중요한 것이 세로토닌이죠." 그녀가 말을 이었다. "세로토닌은 우리가 가진 것에 감사하며 집중하고, 갖지 못한 것에 초점을 맞추지 않을 때 생성됩니다. 그러므로 하루를 감사로 시작하고 감사로 끝내는 게 가장 좋아요. 도파민이 더 많은 일을 하고 성취하도록 추동한다면, 옥시토신과 세로토닌은 우리가 있는 그대로에 만족하고 충만함을 느끼도록 해 줘요. 특히 해가 진 이후로는 수면 중 이완과 회복을 위해 세로토닌과 옥시토신이 원활하게 분비되는 게 중요합니다."

잠시 말을 멈춘 뒤 이사벨이 입을 다시 열었다.

"아직 엔도르핀이 남았죠. 엔도르핀의 분비는 그렇게 쉽게 조절되지 않아요. 엔도르핀은 우리가 장기간 인내력을 발휘하여 목표를 추구하고, 그 과정에서 불쾌한 감정을 수용하고 견딜 준비가 되었을 때 생성됩니다. 따라서 아이들에게 어렵거나 불쾌한 일이 일어났을 때 덮어놓고 보호하지 않는 게 매우 중요해요."

2. 인생은 반복 재생

"하나같이 놀라운 이야기에요, 이사벨. 그런데 변화를 간절히 원하는 사람들이 실제로 변화하기 힘든 이유도 뇌과학적으로 설명이 될까요?"

"일단은 우리의 뇌가 영구적인 행복을 느끼도록 설계되지 않았다는 사실을 이해해야 합니다. 대부분 사람의 내면은 약하거나 적당한 고통을 동반한 상태입니다. 진화적 관점에서 그것이 합리적이거든요. 우리 뇌의 주요 임무는 최대한 빨리 문제를 인식하고 해결함으로써 우리의 생존을 보장하는 거예요."

"그렇다면 우리가 그 설계를 바꿀 수 있나요?"

"물론이죠! 끈기와 의지력이 필요할 뿐이에요. 레오나르도, 우리의 인생은 같은 생각, 같은 감정, 같은 습관이 무한히 반복 재생되는 비디오테이프와 다를 바 없답니다."

"그러니까 뇌신경학적 관점에서 인간은 습관의 동물이군

요."

이사벨이 웃었다. "네, 그렇게 말할 수도 있어요. 우리 몸의 어떤 감각을 뇌가 인지하면, 뇌는 그 기분에 맞는 생각을 생성하죠. 역으로도 가능해요. 생각에서 기분이 일어나고, 기분이 뇌를 결정하는 거죠. 이것이 몇 년 동안 반복되면 하나의 테이프가 완성돼요. 그리고 어느 시점에서 이 순환이 너무 확고해지면 우리에겐 항상 같은 생각, 같은 감정, 같은 행동을 반복하는 경향성이 생깁니다. 우리가 인생이라고 부르는 경험은 그렇게 만들어져요. 그리고 이 모든 과정이 무의식적으로 이루어지지요."

"내가 당신 말을 다 이해할 수 있을지 모르겠군요…" 양해를 구하는 의미로 두 손을 들어 보이며 내가 말했다.

"간단하게 우리에겐 두 가지 의식 수준이 있다고 생각하는 게 빠를 거예요. 빙산과 같은 원리죠. 수면 위로 올라온 빙산의 꼭대기, 즉 보이는 부분은 의식을 나타냅니다. 우리가 합리적으로 생각하고 말할 수 있도록 하는 정신적 과정이 거기서 일어나요. 하지만 그보다 훨씬 큰 부분은 수면 아래에 잠겨 보이지 않습니다. 그것은 끊임없이 반복되는 우리의 생각과 감정, 행동의 대부분을 조종하는 잠재의식을 나타내요. 우리가는 매일 하는 생각의 90%를 내일도 할 겁니다. 미래의 어느 날에도 마찬가지죠. 감정도 다르지 않아요. 연구에 따르면 놀랍게도 우리가 매일같이 하는 행동의 60%는 순전히 루틴이에요. 의식적인 결정의 결과물이 아니라는 거죠."

"우리 뇌가 설계될 때 오류가 있었던 건가요?"

"꼭 그렇지는 않아요. 가장 똑똑한 사람들조차 의식적으로 동시에 처리할 수 있는 정보의 양은 매우 제한적입니다. 그래서 뇌는 반복되는 모든 것을 뇌의 가장 오래된 부분에 저장하려고 부단히 노력해요. 그렇게 하면 뇌의 싱싱한 부분은 더 높은 수준의 기능에 활용할 수 있으니까요. 우리는 하루 중 대부분을 자동 조종 상태로 운행하는데, 그 덕분에 끊임없는 발전이 가능합니다."

"그게 무슨 뜻이죠?"

"자동차 운전을 처음 배울 때를 기억하세요? 얼마나 긴장한 채로 핸들을 움직였는지, 얼마나 신중하게 페달을 밟았는지 기억나세요? 그런데 얼마 후면 무심코 운전석에 앉아 시동을 걸고 액셀러레이터를 밟게 돼요. 우리가 이러한 수월함을 얻을 수 있는 것은 우리 뇌가 그 과제를 수행하는 데 필요한 많은 신경 회로를 닦아 놓았기 때문입니다. 그것은 드러나지 않게 뒤에서 작동하지요. 일단 그렇게 되면 우리는 다시 새롭고 복잡한 기능을 추가로 배울 여력이 생깁니다."

3. 새로운 습관의 형성

"무슨 말인지 알겠어요. 그런데 그 말은 곧 우리가 한번 만들어진 신경 회로로 평생을 살아야 한다는 뜻인가요?"

"그렇기도 하고 아니기도 해요. 최근 들어 우리는 뇌가 평생에 걸쳐 끊임없이 변한다는 사실을 알게 되었습니다. 이를 '신경 가소성'이라고 부르죠. 특정 생각이나 감정 혹은 행동 방식이 충분히 자주 반복되면, 우리 뇌에 새로운 신경 회로가 등장하고 점점 더 많은 자리를 차지하게 됩니다. 그리고 사용 빈도가 낮아진 신경 회로는 점점 뒷전으로 물러나죠. 그렇다고 완전히 사라지진 않아요. 가령 한번 알코올 중독자였던 사람이 평생 알코올을 피해야 하는 이유도 이것으로 설명되죠. 한번 형성된 습관은 설령 우리가 그것을 극복했다고 믿는다 해도 하루아침에 다시 우리의 습관을 지배할 수 있습니다."

"굉장히 흥미롭군요. 사람들이 그런 지식을 실제 생활에 적용할 방법이 있을까요?"

이사벨은 물 한 모금을 마시고선 볼펜을 손에 들었다. "'습관의 고리'를 활용하면 수월합니다."

그녀는 빠른 손놀림으로 종이에 다음과 같이 스케치했다.

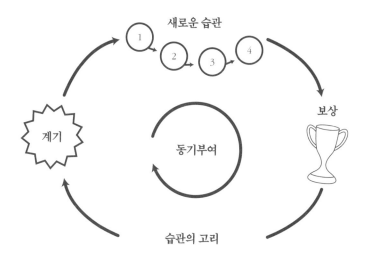

"습관은 보통 어떤 계기로 시작되지요. 그 계기로 인해 뇌는 무의식적으로 일을 처리하는 상태로 전환됩니다." 그녀가 설명했다. "계기가 무엇인지에 따라 어떤 습관이 활성화되는지가 결정돼요. 습관을 촉발하는 계기는 무엇이든 가능합니다. 기쁨이나 슬픔, 분노 같은 감정이 계획에 없던 행동 방식을 불러올 수 있어요. 또는 장소나 특정 시간, 아니면 특정 인물도 우리를 자극하여 특정한 방식으로 행동하도록 만들 수 있지요."

"우리는 우리가 그런 식으로 조종되고 있다는 사실을 전혀 눈치채지 못한다는 뜻이죠? 그렇게 많은 무의식적 메커니즘이 작용하고 있는데 우리에게 새로운 습관을 형성할 기회가 있기는 한가요?"

"그럼요, 기회는 분명 있습니다! 대신 철저하게 준비해야 하지요. 가령 식습관을 바꾸려 한다고 가정해 볼게요. 새로운 행동 패턴이 루틴으로 정착될 수 있을지를 좌우하는 건 주로 두 가지 요인입니다.

첫 번째 요인은 우리의 동기예요. 새로운 행동을 습관으로 굳히기 위해서는 우리가 그 행동에서 무엇을 바라는지를 반복적으로, 그리고 생생하게 떠올리는 게 중요합니다.

두 번째 요인은 수월성이에요. 새로운 행동 방식을 실천하는 게 너무 어렵다면, 습관 형성에 성공할 가능성은 낮아요. 변화가 일어나려면 일이 쉽고 간단해야만 해요. 예를 들어, 건강한 아침 식사를 위해 전날 밤 미리 재료를 손질해 두거나 직장에 운동 가방을 가져다 놓는 게 도움이 되겠죠. 자신과의 새로운 약속을 수월하게 지키도록 계기를 만들어 주는 거예요."

"습관의 고리에서 보상은 어떤 역할을 하나요?" 내가 물었다.

"보상은 뇌가 새로운 행동을 루틴으로 바꿀만한 가치가 있다고 결정하는 근거입니다. 운동을 예로 들자면, 높아진 자존감과 따뜻한 샤워, 그리고 성취감을 보상으로 얻게 되겠죠. 식습관을 바꾸고 싶다면 맛있는 식단을 짜는 게 중요합니다. 동시에 새로운 습관을 유지했을 때 얻을 수 있는 중장기적 장점을 계속해서 생생하게 떠올리는 게 좋아요."

비록 기대했던 것만큼 간단한 해법은 아니었지만 그래도 나는 고개를 끄덕였다. 그런 내 모습을 보고 이사벨이 웃었다.

"단순히 '습관의 고리'에 대해 안다고 해서 노력 없이 변화가 이뤄진다는 얘기는 아니에요. 하지만 새로운 생각, 감정 그리고 행동 방식을 실행할 때 필요한 시냅스가 일단 한 번 만들어지면 변화는 나날이 더 쉬워집니다."

우리 둘 다 이 결론이 훌륭하다고 생각했다. 나는 이사벨의 설명이 미래 독자들의 이해를 돕는 일에 유용하리라 기대한다.

이런 통찰은 바바라와 센딜에게 많은 변화를 가져왔습니다. 두 사람이 뇌의 작동 방식에 대해 더 많은 걸 이해하게 될수록 환자들을 이해하는 폭도 넓어졌죠. 어느 날 나는 피트니스 센터에서 평소대로 서킷 트레이닝을 하고 잠시 쉬던 중, 아내에게 큰 도움이 될 만할 아이디어를 떠올렸어요.

"뇌를 위한 피트니스 훈련은 어떨까?" 그녀는 벤치에 수건을 깔았고 우리는 그 위에 걸터앉았지요.

"이제 우리가 '습관의 고리' 원리를 알게 되었으니 이 지식을 좀 더 의도적으로 활용할 수 있을 것 같아. 당신 생각은 어때, 레오나르도?"

나는 잠시 고민한 뒤 고개를 끄덕였어요. 나 또한 비슷한 생각을 한 적이 있었으니까요. 그 결과 피트니스 센터에서 매달 워크숍을 개최하게 되었습니다. 워크숍에 참가한 환자들은 '습관의 고리'를 활용해 희망하는 대로 생활 방식의 변화를 준비하고 실천할 수 있었죠. 나 또한 바바라만큼이나 이 주제에 매료되어 있었으므로 정기적으로 워크숍의 진행을 도왔습니다. 그 일은 내게 큰 즐거움을 주었고, 우리 모두의 기대를 뛰어넘는 성공을 거두었어요. 생활 방식을 바꾸어 새로운 방식으로 살아가기 성공한 사람들의 비율이 급격히 늘어났지요.

×ᕒ

하지만 그건 시작에 불과했습니다. 인생 5대 계좌의 의미를 완벽하게 이해한 우리는 인생은행에서 정신을 독립적인 계좌로 이해하는 것이 얼마나 중요한지를 깨달았어요. 그리고 아이들이 자신에게 도움이 되는 시냅스를 형성하는 걸

돕도록 부모와 교사를 독려하는 게 중요하다는 사실도 알게 되었죠. 과학에서부터 어학까지, 학교에서 가르치는 많은 내용은 그 과목 시험이 끝나자마자 잊히기에 십상입니다. 하지만 그 시절 우리의 정신에 새겨진 흔적들은 평생 남지요. 내면의 풍경에 한번 열등감과 자기 의심, 두려움이 새겨지면, 물론 시간이 지난 후 긍정적인 영향을 받을 때도 있지만, 많은 시간과 노력과 훈련으로만 바로잡을 수 있어요. 그리고 한 번 극복했더라도 여전히 예전 모습으로 돌아갈 가능성이 있습니다. 그래서 아이들은 어릴 때부터 자존감을 발달시키고, 자기 내면과 긍정적으로 대화하는 법을 배우며, 자기 자신과 다른 사람을 신중하게 대하는 법을 배워야 해요. 그런 것을 어릴 때 배운다면 그 혜택을 평생 누릴 수 있어요. 아직 뇌가 유연할 때 본질적인 가치에 집중할 수 있다면 얼마나 좋을까요?

바바라와 나는 아침마다 마음챙김 연습을 했어요. 우리가 정신이라는 인생의 계좌에 자산을 쌓는 방식이었죠. 만약 삶의 질을 개선하기 위해 습득할 가치가 있는 단 하나의 습관을 추천하라고 한다면 나는 마음챙김이라고 말할 겁니다. 마음챙김은 내면 깊은 곳을 이완하는 동시에 자신에게 영혼의 특별한 공간을 할애하여 자신의 감정과 생각을 한 발 떨어져 관찰할 수 있는 기회를 제공합니다. 그 효과가 매우 탁월하지요.

소피아, 혹시 무례가 되지 않는다면 당신에게 이렇게 묻고 싶어요.

매일 새로운 일상과 대면하는 당신은 자신의 정신을 어떻게 돌보나요?

시간과 관심을 투자하여 정신 계좌에 꾸준히 자산을 쌓고 있나요?

아니면 계속 빼 쓰기만 해서 영혼의 평화를 해치고 있나요?

고민해 보길 바랍니다. 우리가 인생을 어떻게 경험하고 인식하는지를 결정하는 것은 우리의 생각과 감정, 행동이에요. 그리고 우리의 정신과 영혼을 양육하여 긍정적인 생각과 감정, 행동을 거둘 방법은 무수히 많습니다. 그러나 대다수 사람은 이 부분에 거의, 혹은 전혀 시간을 투자하지 않아요. 이런 비극이 또 있을까요. 우리 인생의 매 순간을 좌우하는 건 우리의 양쪽 귀 사이에서 작동하는 '소프트웨어'입니다. 하물며 스마트폰의 운영체제도 몇 주마다 업데이트되는데, 우리도 우리 자신을 위해 프로그램 개선 작업을 해야 하지 않을까요?

오래 살아 본 경험에 기대어 확신하건대, 이 질문은 나이와 삶의 형편에 상관없이 고민해 볼 가치가 충분합니다.

진심으로 담아,

레오나르도

8장
머릿속 장벽

"가장 큰 장애물은 너 자신이다."

브리아나 웨스트 Brianna West

소피아는 계단식 포도밭 너머에서 노란 성이 햇살 아래 반짝이는 모습을 올려다보았다. 파리 근교에 있는 태양왕의 화려한 성, 베르사유가 연상되는 풍경이었다. 포츠담 외곽의 상수시 궁전은 베르사유의 유머러스한 버전으로, 걱정 없이 살고 싶다는 프로이센 왕 프리드리히의 염원이 담겨있다. 프랑스어로 'sans'는 '없다'라는 뜻이고, 'souci'는 '걱정'이다. 그녀는 거대한 분수대 앞에 한참을 서서 명랑하게 높이 솟아오르는 물을 구경했다. 이는 프리드리히 대왕이 이 성을 건축하고 주변 공원을 조성한 당시에는 즐길 수 없었던 광경이었다. 300년 전 공학자들에겐 그런 걸 만들 만한 수력학 지식이 없었다.

소피아는 레오나르도의 새 편지를 조용히 읽고 싶어서 이 성을 찾았다. 아침 일찍 내린 비로 계단에는 물기가 남았다. 아주 긴 인생과 아주 많은 통찰이 담긴 장문의 편지였다. 심리학이나 신경학을 다룬 내용 중 대부분은 그녀에게 딱히 새로울 게 없었다. 하지만 그 내용을 전하는 레오나르도 특유의 방식 덕분에 그녀는 '양쪽 귀 사이의 소프트웨어'를 한 번 더 신중하게 점검하고자 하는 마음이 동했다. 그녀는 그 표현이 적절하다고 생각했다. 지난 몇 주 동안 자기 생각을 자세히 관찰해 본 결과, 자기 머릿속 목소리가 노예 감독관처럼 자신을 지배하고 있다는 사실을 깨달았다. 그렇다는 것을 아는데도 그 지배 아래서 벗어날 순 없었다. 이메일에 답장하고, 전화를 걸고, 워크숍을 구상하고, 화상 회의 하나가 끝나면 다음 화상 회의로 정신없이 넘어갔다. 그녀는 바빴다. 서두르라고, 더 빨리 더 많이 하라고 재촉하는 머릿속 목소리 때문에 바빴다.

소피아는 얼굴에 떨어지는 빗방울을 느끼고선 자리에서 일어났다. 예상에 없던 비에 맥이 빠져 하늘을 올려다보았다. 다시 자전거에 올라탈 시간이었다. 마지막으로 가볼 데가 한군데 남았다. '클라인 글리니케'라는 작은 마을의 역사가 그녀의 마음을 홀렸다. 독일이 분단되면서 서베를린 영토 안에 섬처럼 고립된 이 동독 마을에는 '동독의 주머니'라는 별명이 붙었다. 마을 경계는 대부분 장벽으로 둘러싸였고, 드나들 수 있는 유일한 입구는 15미터 너비의 좁은 도로 하나뿐이었다. 장벽은 마치 뱀처럼 마을의 한쪽 면을 기어오른 다음 좁은 골목을 휘감아 몇몇 이웃을 갈라놓고선 도로 옆을 따라 마을을 빠져나갔다. 그 안은 동독의 영토였고, 밖은 출입이 금지된 서독 땅이었다.

30분쯤 지나 소피아는 클라인 글리니케로 이어지는 작은 다리에 도착했고, 자전거를 나무 울타리에 기대어 세웠다. 마을의 몇 안 되는 거리를 거닐어 보니, 그곳 주민들이 거대한 콘크리트 벽의 그늘 아래 살면서 얼마나 스트레스를 받았을지 어렵지 않게 상상할 수 있었다. 그들을 감시한 국경 수비대는 밤낮없이 집으로 들이닥쳐서 지하실에 남아 있는 사다리가 없는지 확인했다.

통일이 된 후 보고된 바에 따르면, 당시 마을 사람들 다수가 죄수가 된 기분을 느꼈다고 한다. 그들은 갇힌 상태에서 우울증을 얻었고, 정신과 의사들은 이를 질환으로 판단해 '장벽 병Mauerkrankheit'이란 이름을 붙였다. 소피아는 그들이 우울증을 얻은 게 놀랍지 않았다. 오히려 여기서 사람들이 살았다는 것이 이해되지 않았다. 하지만 그보다 더 이해할 수 없는 것은 장벽이 붕괴된 후에도 사람들의 병이 계속되었다는 점이다. 외부의 장벽은 제거되었으나, 사람들의 머릿속 장벽은 여전했기 때문이다. 실제 장벽보다 장벽 병의 위력이 훨씬 세다는 뜻이다. 소피아는 멈춰 서서 한때 클라인 글리니케에서 외부로 나가는 유일한 통로였던 길을 눈으로 따라갔다. 그때 갑자기 그녀에게 질문 하나가 떠올랐다.

'우리 모두에게는 과거에 세워져 지금 아무 이유도 없이 우리를 통제하는 머릿속 장벽이 있지 않을까?'

자기 인생을 살면서 삶을 개선할 수 있는 방법은 무수히 많았다. 기회는 결코 균등하고 공정하게 주어지지 않는다. 그럼에도 누구나 자신에게 주어진 카드를 최선의 방식으로 활용하여 주어진 환경 속에서 어디까지 나아갈 수 있는지를 스스로 확인할 힘을 갖고 있었다. 많은 이들이 그렇게 하지 못하는 것은 안타까운 일이다. 부정적인 신념과 고착된 사고방식, 다양한 두려움과 여타 감정에 발목이 잡혔기 때문이다. 물론 그런 감정들은 나름의 까닭으로 존재한다. 슬픔, 두려움, 분노, 수치, 좌절, 공포 등은 모두 인간에게 무언가를 알려 주는 신호다. 그래도 언젠가는 이러한 내면의 벽을 허물고 자기를 옭아맨 족쇄를 풀어야 할 때가 오기 마련이다. 하지만 어떻게 해야 자신의 머릿속에서 끊임없이 부정적인 말을 하고 겁을 주고 투덜대는, 목소리 큰 인질범에게서 벗어날 수 있을까?

며칠 전 소피아는 레오나르도의 편지를 곱씹기 위해 영감을 받을 만한 장소를 찾던 중 클라인 글리니케에서 탈출하려 시도했던 용감한 사람들에 관한 글을 읽었다. 그중에는 어린 자녀를 둔 가족도 있었는데, 그들은 자기 집 지하실에서 서독 지역의 건물 부지로 이어지는 터널을 직접 파서 탈출했다. 그들의 탈출 전후로 유사한 시도를 하다가 체포되거나 사살당한 사람이 많았다. 내면의 익숙한 감정과 정신적 상태에서 탈출하려는 시도 역시 힘들기는 마찬가지다. 하지만 최소한 신체와 생명의 위협을 감수할 필요는 없다. 탈출을 시도하다가 실패할 수도 있지만, 언제든 다시 시도할 수 있다. 그리고 그런 시도는 실보다 득이 많다.

하지만 많은 사람들이 그런 시도를 하지 않았다. 소피아의 코칭 과정에 참석한 그들은 이런저런 일이 일어나야만 자기가 다시 괜찮아질 수 있다고 말했다. 그들은 자기가 만족하려면 반드시 충족되어야 할 수많은 조건을 나열했다. 하지만 지혜로운 사람이라면 그 자리에서 일어나 이렇게 말할 것이다. "내겐 문제가 있고, 그 문제는 외부 세계에서 온 것이 아니다. 문제는 내 머릿속 목소리가 나를 가만히 두지 않는다는 것이다." 이를 아주 적절히 표현한 마크 트웨인의 말이 있다. "나는 살면서 수많은 일들을 걱정했다. 하지만 그중 대부분은 절대 일어나지 않았다."

소피아는 이 상황이 얼마나 웃긴지를 따져보다가 싱긋 웃었다. 만약 왼팔이 말을 안 듣고 제 마음대로 위아래로 움직인다면 우리는 즉시 의사를 찾아갈 것이다. 하지만 정신이 말을 듣지 않을 때는 알아차리지 못하고 지나치거나 그러려니 하고 받아들인다. 이는 심통이 나서 정신없이 날뛰는 원숭이 한 마리를 머릿속에 키우는 것과 같은 꼴이다. 끊임없이 말하고, 고민하고, 계획하고, 같은 생각을 무한히 반복하며, 잘못될 수 있거나 이미 잘못되었거나 앞으로 잘못될지도 모르는 모든 것에 대한 걱정을 멈출 수 없는 상태다. 이러한 내면의 대화가 통제를 벗어나면 어떤 사람들은 치료사를 찾아가고 또 다른 사람들은 요가를 등록하여 내적 평화를 찾으려 한다. 하지만 대부분은 자기 생각이 쉬지 않고 이 장소 저 장소를 떠돌아다니면서 인생을 힘들게 하는 상황을 잠자코 받아들인다. 그렇다고 누가 그들을 탓하랴?

소피아는 잠시 머뭇대다가 오른쪽으로 돌아 한때 클라인 글리니케의 경계를 형성했던 길을 따라 계속 걸었다. 그녀도 자신의 생각을 의지만으로 바꾸는 게 얼마나 어려운 일인지를 경험을 통해 잘 알고 있었다. 그것은 마치 맨손으로 안개를 잡으려는 시도 같았다. 그녀도 고객들에게 계속되는 악순환에서 벗어나는 방법으로 '습관의 고리'를 추천한다. 소피아는 긍정적인 사고 그 자체에 힘이 있으리라곤 믿지 않는 편이다. 때와 장소에 따라 긍정적 사고가 필요하기도 하지만, 머리는 끊임없이 일을 한다. 다양한 생각이 떠오르는 것을 피할 수 없으며, 그중에는 부정적인 생각들도 있고, 그것을 억누르려는 시도는 종종 상황을 악화시키곤 한다. 그녀가 고객들에게 추천하는 방식은 그들이 자기 생각과 감정의 관찰자가 되어 매일의 작은 문제들을 서로 다른 방식들로 처리하는 것이다. 그리고 그녀는 그 기술을 자신에게도 적용하기 시작했다. 부정적인 생각이 떠오를 때마다 뒤따라오는 감정에 집중하며 그것을 위한 공간을 마련하기 위해 노력했다. 그러나 반복적인 불필요한 생각에는 관심을 기울이지 않으려 했다. 그럴 때는 배 아래까지 숨을 들이마시고 아주 천천히 내쉬면서 쌓여 가는 긴장을 풀었고, 이 과정을 필요한 만큼 반복했다. 소피아는 미소를 지었다. 이게 효과가 있다니 얼마나 놀라운 일인가! 짜증 나는 감정들에 주의를 기울이자 그녀의 머릿속 부정적인 목소리는 힘을 잃었고, 과잉되고 불필요한 생각들이 서서히, 그러나 확실히 사라졌다. 그녀는 이런 접근 방식이 깊은 슬픔을 처리하기에도 효과적임을 깨달았다. 치유에는 시간이 필요했지만, 시간만으로는 충분하지 않았다. 실질적인 차이와 행동의 변화를 만들어 내는 것은 늘 새로운 감정이었다.

하지만 이 모든 과정이 간단치는 않았다. 처음에는 자신이 무엇을 생각하고 느끼는지, 그리고 그것이 자신에게 어떤 영향을 미치는지를 파악하는 것조차 어려웠다. 그러나 몇 주가 지나자 그녀는 자신이 긴장할 때마다 자기 파괴적인 생각을 한다는 사실을 알아차리기 시작했다. 예를 들어, 이메일을 읽고 짜증이 나거나 공격받은 듯한 느낌이 들 때, 혹은 외로움을 느끼거나 일이 원하는 대로 풀리지 않을 때가 그랬다. 정말 사소한 일이었다. 하지만 그 순간 자기 안에서 무슨 일이 일어나고 있는지를 깨닫자, 점점 자기 생각과 거리를 둘 수 있게 되었다. 물론 하루에도 몇 번씩 생기는 일이었기 때문에 매번 해내기는 쉽지 않았다. 하지만 자기 반응이 얼마나 유치한지를 알게 되자 웃으며 넘길 수 있게 되었다. 그녀는 자신의 마음이 하는 말과 달리, 일상 속 대부분의 일들이 그리 중요치 않다는 사실을 인정해야 했다. 솔직히 말해, 이 마음챙김 근육을 기르는 데는 상당한 훈련이 필요했다. 2~3개월이 흐른 뒤에야 신경 가소성이 나타나기 시작했고, 그조차도 새로 형성된 것이라 여전히 취약했다. 하지만 그것만으로도 충분히 가치가 있었다!

소피아는 위를 쳐다봤다. 이미 작은 마을을 한 바퀴 돌아 다시 다리 앞이었다. 한때는 경비가 삼엄한 국경 통제소가 있던 곳이었다. 때때로 사람들은 어두운 생각과 복잡한 이유로 인해 그들 영혼에 장벽을 세우는데, 그때는 전문가를 찾아야 한다. 그러나 그녀의 고객들 대부분은 그들 스스로 내면의 길을 찾을 수 있는 정도였다. 자기가 원해서 넘을 수 없는 장벽을 세우는 사람이 어디 있을까? 그렇다면 어째서 우리는 내면의 목소리가 심술궂은 경비병 노릇을 하도록 내버려 두는 걸까?

소피아는 자전거에 채워 놓은 자물쇠를 풀었다. 그녀에겐 그 행동이 마치 해방을 상징하는 것 같아서 자기도 모르게 미소를 지었다. 레오나르도를 믿기로 한 자신의 결정에 감사했다. 이상하게 들릴 수도 있지만, 편지를 주고받을수록 더 깊이 그를 신뢰하게 되었다. 그래서 그와 직접 대화를 나눌 수 없다는 사실이 새삼 힘들게 느껴졌다. 언제, 어떤 방식으로 그와 대면할 수 있을지는 그의 손에 달린 것 같았다.

소피아는 숲길의 축축한 냄새를 즐기며 힘차게 페달을 밟았다. 오랫동안 느껴보지 못한 상쾌한 기분이었다. 문득 그녀가 가장 좋아하는 인용구가 떠올랐다.

"당신이 무언가를 할 수 있다고 믿든 아니든, 당신은 언제나 옳다."

레오나르도도 그녀만큼이나 이 인용구를 좋아할 것 같았다. 그것 말고도 그와 그녀 사이의 공통점은 더 있을 것이다. 자전거 도로가 호숫가로 이어지자 그녀는 멈춰 서 경치를 감상했다. 수평선 위로, 모든 색깔로 반짝이는 무지개가 드리웠다. 아마 그 너머 어딘가에 노란 성이 있을 것이다.

'프리드리히 대왕은 어땠을까?' 소피아는 문득 궁금해졌다. 철학에 심취했던 상수시 궁전의 왕은 작동하지 않는 분수를 보며 평안에 이를 수 있었을까?

소피아는 한숨을 쉬며 고개를 저었다.

위대한 프로이센 왕의 뇌가 수십억, 아니 수백억 선조와 후손들의 뇌와 비슷하게 작동했다면, 그는 자기가 누리는 좋은 것들보다 분수가 작동하지 않는다는 사소한 것 때문에 짜증을 부렸을 가능성이 매우 크다.

레오나르도의 일곱 번째 편지
우리의 일

"인간이 진정으로 원하는 것은 행복이 아니라
행복해질 이유다."

빅터 플랭클 Viktor Frankl

친애하는 소피아,

오늘 나는 아름다운 원목 탁자에 앉아 드넓은 태평양을
바라보며 만약 내가 당신에게 편지를 쓰고자 결심하지 않
았다면 지금까지 살 수 있었을까 하고 자문해 봅니다. 당신
도 알다시피 나는 시공간이 합쳐져 흐르고 영원이 시작되
는 그 어딘가에서 내 아내 바바라와 다시금 하나가 되리란
생각에 오히려 평안을 느낍니다. 그러나 그 일이 일어나기
전에, 그리고 고통과 상실, 육체의 쇠락이 나를 포위하기 전
에 내게 중요하고 가치 있는 일을 하려 해요.

비록 나는 이미 인생의 '연장전'에 들어섰고 종료 휘슬이 울릴 때가 가깝지만 최대한 현재에 충실하고자 합니다. 내게는 완성하고 싶은 일이 있어요. 마침내 '임무 완료!'라고 외칠 수 있을 때까지는 최선을 다하겠습니다.

이 이야기가 길어지면 영웅담이나 늘어놓는 어리석은 노인이 되겠지요. 그렇게 되기 전에 얼른 인생은행 '5대 계좌'를 구성하는 다음 요소로 넘어가겠습니다. 이번에 소개할 계좌는 우리의 일, 우리의 경력, 그리고 우리의 생산적인 사회 활동입니다. 단어는 가장 적당해 보이는 것으로 당신이 고르세요. 많은 사람이 많게는 인생의 80%를 일하는 데 씁니다. 다른 그 무엇보다 일에 많은 시간을 쓰지요. 시간 투자자의 관점에서 일은 인생은행에서 가장 중요한 계좌에 해당합니다. 즉, 이 투자의 질이 정말 중요하다는 뜻이지요. 그러므로 시작점에서 당신에게 중요한 질문을 하나 던지고자 합니다. 당신은 일과 관련해, 단순히 돈을 버는 것을 넘어 무형의 가치를 창출하는 방향으로 시간을 투자하고 있나요?

내가 지금 무슨 얘길 하는지 혹시 알겠어요? 이해를 돕기 위해 우리가 이 질문을 어떻게 떠올리게 되었는지를 설명해 보려 합니다. 따지고 보면 이 모든 것은 병원에서 여러 가지 도전적인 과제들을 감행한 바바라가 정작 자기 건강은 나빠졌다는 걸 발견하면서 시작되었어요. 처음에 그녀는 그 사실을 내게 숨기려 했지요. 어디가 잘못됐는지를 알아내기 위해 혼자 여러 검사를 해 보며 자신을 진단했어요. 하지만 그것만으로는 진전이 없었고, 결국 나는 그녀를 설득해 동료 의사인 센딜에게 도움을 청하도록 했습니다.

그녀를 살펴본 센딜은 오래 고민하지도 않고 이렇게 말했어요. "바바라, 당신은 전형적인 번아웃 증상을 보이고 있어요. 가끔은 아는 게 너무 많아서 제대로 보지 못할 때가 있죠." 때는 밤이었고, 우리는 테라스 원목 탁자에 둘러앉아 있었어요. "그리고 그런 증상은 대부분 자신보다 다른 사람이 알아본답니다."

센딜은 바바라를 이해한다는 듯 미소를 지으며 말했어요. 나는 그가 핵심을 찔렀다고 생각하며 그녀의 반응을 기다렸습니다. 하지만 그녀는 당장 그 어떤 말도 하지 않았어요. 긴 침묵이 흐른 후 결국 내가 말을 꺼냈죠. "어쩌면 당신은 내가 충분히 갖지 못한 것을 너무 많이 가진 건지도 몰라."

그녀가 나를 바라보았죠. "그게 무슨 뜻이야?" 약간 언짢은 기색이더군요.

"당신의 넘치는 열정 말이야." 나는 잠시 말을 멈췄다가 계속했어요. "하지만 지금은 과해. 당신에게 득이 되지 않을 정도로."

바바라는 우리가 올바른 길을 가고 있다는 것을 알고 있었고 제가 보기에도 그랬습니다. 하지만 부모님이 돌아가신 후 그녀는 열심히 일하는 것을 넘어 자신을 과도하게 몰아붙이는 경향이 있었고, 그 경향은 나날이 강해졌죠. 그녀는 거기서 안정감을 느끼는 것 같더군요. 그렇게 그녀 머릿속 깊이 모종의 경로가 형성되자 뇌 신경은 매일 그 경로를 유지하는 쪽으로 연결되었어요. 하물며 그것이 그녀에게 아무런 도움이 되지 않는다 해도 말이죠.

그녀가 환자들에게 많이 하는 말 중 하나는, "문제 해결이 쉽지 않은 이유는 그 문제가 해결되어야 할 더 큰 문제의 일부이기 때문이에요."라는 거였어요. 그녀 또한 자신의 말에서 예외일 수 없었죠.

하지만 당시 우리가 고민했던 문제는 그것만이 아니었어요. 나는 직장 경력을 시작한 이래 처음으로 은행에서 내가 맡은 일에 회의를 느끼기 시작했어요. 물론 나는 은행업에 관한 탄탄한 지식을 갖고 있었어요. 해가 갈수록 경험과 능력이 쌓여 승진을 거듭했고, 그만큼 급여도 올라갔죠. 그런데도 인생에 무언가가 빠진 기분이 들었어요. 외적으로만 아니라 내면 깊은 곳에서도 결여가 느껴졌죠. 그 텅 빈 기분은 점점 커졌고, 언젠가부터 일하는 게 즐겁지 않았습니다. 그때까지 우리 삶에서 큰 결정을 내리는 추진력은 바바라에게 있었어요. 하지만 그 순간에는 내가 방향 전환을 도모하리라 마음먹었습니다. 아내와의 몇 차례 긴 대화 끝에 나는 상사에게 마음을 털어놓았어요. 한동안 외국에서 지내고 싶다는 결심을 밝혔고, 직업적으로도 새로운 일을 해 보고 싶다고 말했어요. 다행히도 내가 일하던 은행은 세계 각국에서 여러 기회를 제공하고 있었고, 몇 주 후 인사부에서 두 가지 흥미로운 직책을 제안했습니다. 하나는 도쿄 지점에서 총책을 맡아 아시아 전역을 누비는 자리였고, 다른 하나는 상대적으로 덜 중요한 직책으로 오키나와 지점에서 일하는 것이었습니다. 사실 오키나와에 가기엔 내 경력이 넘쳤어요. 그래도 나는 그 직책에 지원했고, 은행에서는 망설이는 듯했지만 결국 제 전보를 승인해 주었습니다. 다만 타협안으로 내겐 큰 프로젝트의 관리 책임이 맡겨졌고, 젊은 동료인 티모시가 도쿄에서 저를 지원하기로 했어요. 이는 우리 모두에게 좋은 거래였습니다. 나는 직업적으로 새로운 방향을 모색할 수 있었고, 바바라는 절실했던 휴식기를 얻었으며, 우리는 함께 새로운 것을 발견하고 경험할 수 있었으니까요.

얼마 지나지 않아 우리는 말 그대로 세상의 반대편으로 갔습니다. 그리고 천 년 전통의 사상을 배우게 되었고, 그 사상은 우리 여생을 함께했죠. 그 이야기를 차근차근 풀어 보겠습니다.

✤

우리가 아는 사람 하나 없는 오키나와에 도착했을 때는 비가 내렸어요. 그 비가 몇 주나 계속되니 우울해지더군요. 오키나와 사람들은 자랑스럽게 그들이 '바다의 민족'임을 자처했지만, 우리는 우리가 이 섬에 잘 적응할 수 있을지 확신할 수 없었어요. 하지만 장마철이 끝나고 찾아온 오키나와의 여름은 정말 근사했습니다. 우리는 도착 몇 주 후에야 입주할 수 있었던 작은 집과 사랑에 빠졌죠. 지붕에는 붉은 기와를 얹고 담장은 검은 돌로 쌓은 그 집은 파란 하늘과 멋진 대비를 이루었습니다. 외출했다 돌아올 때면 행운을 상징하는 시사견 한 쌍이 지붕에서 우리를 맞이했죠. 우리는 가끔 집이 우리보다 한 사이즈 작다며 투덜대기도 했지만 곧 새로운 일상에 적응했고, 백 개가 넘는 섬으로 이뤄진 도서 지역에서의 생활을 즐기기 시작했습니다. 낮에 나는 은행으로 가서 쉽지 않은 문제들을 해결했고, 그동안 바바라는 자신을 되찾고 기력을 회복하는 시간을 가졌어요. 그녀는 해변을 오래도록 산책하고, 일본 요리를 배우고, 명상을 훈련했어요. 주말이면 우리는 아름다운 모래 해변에서 스노클링을 하며, 깊고 푸른 물로 뛰어들어 물속을 날아다니는 야생의 바다거북들과 함께 헤엄쳤지요. 그래도 시간이 남으면 지프차를 타고 이곳저곳을 돌아다녔는데, 그러던 중 그 일이 일어났습니다.

우리가 재미 삼아 섬을 어슬렁거리던 어느 날이었어요. 작은 동네에서 키가 큰 서양인 남자 하나가 눈에 띄었죠. 그는 지도처럼 보이는 무언가에 고개를 파묻고 있었어요. 어딘가 길을 잃은 사람처럼 보이더군요.

"도와드릴까요?" 우리는 친절하게 물었어요.

"오, 감사해요! 차가 움직이질 않네요." 그의 말을 들은 우리 마음에선 연민이 샘솟았어요.

그래서 오키나와의 수도, 나하에 있는 호텔까지 그를 태워 주기로 했어요. 그리고 그 길은 우리 인생에 길이 남을 아주 흥미진진한 여정이었죠. 댄은 내셔널지오그래픽에서 일하는 미국인 저널리스트로, 이른바 '블루 존Blue zone'을 취재하는 중이었어요. 세계 평균 수명보다 더 오래 사는 인구가 많은 지역을 그렇게 부른다고 하더군요. 오키나와는 세계에서 100세 이상 인구의 밀도가 가장 높은 지역이었습니다. 오키나와와 함께 이탈리아의 사르디니아섬, 코스타리카의 니코야 반도, 그리스의 이카리아섬, 캘리포니아의 로마린다 등도 '블루 존'으로 꼽히지요.

잠시 우리는 할 말을 잃었습니다. 그때까지 한 번도 들어보지 못한 '블루 존'이란 개념을 알게 된 바바라가 얼마나 흥분했을지 당신도 짐작할 수 있겠지요. 어찌나 흥분하던지, 이 만남이 우리의 오키나와 체류에 너무 큰 영향을 미칠까 봐 두려울 정도였어요. 그리고 내 예상은 틀리지 않았습니다. 그 만남이 있은 지 며칠 후, 이른 아침부터 전화가 울렸어요. 댄은 오키나와에서 평생을 산 그의 친구, 킨조 박사와 함께 108세의 유아 여사를 방문할 계획이라며 북부에 있는 그녀의 집에 함께 가자고 바바라를 초대했지요.

우리는 아스팔트보다 흙이 더 많은 도로를 한 시간 가량 달려 작은 집 앞에 차를 세웠습니다. 앙증맞은 벽과 창문이 달린 집은 반쯤 지면 아래로 가라앉아 있었고, 주위는 산호로 쌓은 벽으로 둘러싸여 마치 동화 속 집처럼 보였어요. 붉은 지붕 위에 선 두 마리의 시사가 우리에게 인사하며 어서 들어오라고 손짓하는 것 같았지요.

"여길 봐요." 킨조 박사가 바바라에게 속삭이며 집 뒤뜰에서 자라는 많은 약초들을 가리켰습니다. "혹시 당신이 건강과 장수의 비밀 레시피를 찾고 있다면, 바로 여기에 그 재료들이 있습니다!"

그들은 신발을 벗고 작은 집 안으로 들어갔어요. 바바라가 나중에 내게 말하길, 캘리포니아에서는 보통이던 자기

키가 그 집 안에서는 너무 크게 느껴져서 마치 도자기 가게에 들어간 코끼리 같았다고 했어요. 108세의 유아 여사는 거실 한중간 밀짚 매트 위에 책상다리를 하고 앉아 있었습니다. 여사 주위에는 자녀들이 앉아 있었는데, 바바라는 그들 또한 여든이 훌쩍 넘었다는 것을 알게 되었어요. 유아 여사는 전통 기모노를 입고 백발을 가지런히 빗어 넘겨 하나로 묶은 차림이었죠. 그렇게 우연히 그 집에 모이게 된 일곱 명의 사람들은 한 시간여 조용히 재스민차를 마셨고, 드디어 킨조 박사가 여사를 면밀하게 진찰하기 시작했습니다. 그동안 댄과 바바라, 그리고 유아 여사의 자녀들은 마당에서 기다렸지요. 진찰이 끝나자 댄이 인터뷰할 차례가 돌아왔습니다. 킨조 박사가 통역을 맡았어요. 댄은 우선 유아 여사가 일상을 어떻게 보내는지 궁금해했어요. 그녀는 친절하게 대답해 주었지요.

"매일 아침 나는 같은 시간에 일어납니다. 여섯 시쯤 재스민차를 끓이고 아침을 먹지요. 보통은 채소가 들어간 된장국을 먹어요."

유아 여사는 천천히 말을 이었어요.

"식사가 끝나면 예복으로 갈아입은 다음 깨끗한 신발을 신고 신령한 숲으로 가서 온 마을의 건강을 위해 기도합니다. 우리 마을을 도와주고, 사람들의 안전을 지켜 주며, 그들의 마음과 영혼이 평안하도록 보살펴 준 신께 감사 기도를 올리죠."

유아 여사는 헛기침을 하고선 말을 계속했어요. "정오가 되면 뜰로 나가서 점심으로 먹을 채소와 약초를 뜯어요. 나는 많이 먹지 않습니다. 보통은 채소만 먹고 가끔 두부나 생선을 곁들입니다."

그녀는 웃으며 말했지요. "숟가락을 들기 전에는 항상 '하라 하치 부腹八分'라고 말해요."

그 말에 80대 자녀들이 키득거렸습니다.

댄과 바바라는 영문을 몰라 킨조 박사를 쳐다보았지요. 그가 웃으며 그 뜻을 설명해 주었어요. "'하라 하치 부'는 '배는 팔 할만 채우는 게 좋다'는 유교식 가르침이에요."

"그래서 우리는 작은 접시 여러 개를 놓고 식사하죠. 접시를 다섯 장 놓고 밥을 먹으면 많이 먹은 것처럼 보여요. 실제로는 그렇지 않지만요. 오키나와에서 과식하면 좋은 소릴 듣지 못해요."

"하라 하치 부!" 바바라와 댄은 동시에 외쳤습니다. 모두가 함께 웃었죠.

"이런 개념을 미국에도 널리 알려야 하지 않을까요?" 바바라가 살짝 빈정대는 투로 덧붙였지만, 실은 안타까움에서 나온 말이었지요. 서양의 패스트푸드 체인이 새로 들어

설 때마다 그 지역 본래의 식문화는 뒷걸음질 치기 마련이었고, 오키나와의 대도시도 예외는 아니었으니까요.

생각에 잠겼던 바바라를 일깨운 건 댄의 다음 질문이었습니다. "어떻게 당신은 이토록 오래 사실 수 있었나요? 저희에게 들려주실 비밀이 있을까요?"

유아 여사는 한참 후에야 입을 열었어요.

"아마 나는 죽는 걸 잊어버린 것 같아요!" 미소를 지은 그녀는 곧 진지한 목소리를 되찾았습니다. "내 아버지는 아직 젊을 때 돌아가셨어요. 거기서 나는 교훈을 얻었지요. 아버지는 여든에 하던 일을 관두시고 여든여덟에 돌아가셨거든요."

유아 여사는 잠시 아버지 생각을 하는 듯 말을 멈췄어요.

"내 어머니는 노로, 신당의 사제셨고 돌아가실 때까지 다른 사람들을 위해 일하셨어요. 나는 어머니가 일상적인 습관과 '이키가이' 덕분에 아버지보다 더 씩씩하고 건강하게 사셨다고 생각해요."

이키가이? 바바라는 댄에게 모르겠다는 눈빛을 보냈지만 그는 여사의 말을 끊고 싶지 않은 것 같았어요. 그녀는 유아 여사의 딸이 차를 따르는 모습을 지켜보면서 그 단어의 뜻은 나중에 물어봐야겠다고 생각했습니다.

"오래전부터 나는 아버지의 실수를 되풀이하지 않겠다고

결심했어요." 백발의 노인이 말했습니다. "그리고 내 자녀들이 내 본을 따르게 되어 기뻐요." 이 말에 모두가 고개를 끄덕이며 동의했지요.

댄이 감동한 듯 고개를 끄덕였어요. "혹시 제게 해 주실 조언이 더 있을까요?"

유아 여사는 마치 주름 속에서 답을 찾는 것처럼 골똘히 자기 손을 들여다보았어요. "자기를 중심으로 삼지 않는 게 이로운 것 같습니다. 종종 자기를 돌보는 가장 좋은 방법은 다른 사람을 돕는 것이지요. 직접 기른 채소를 먹는 것도 중요해요. 많이 웃고 낙관적으로 사세요. 자부심을 갖고, 헌신적으로 당신의 이키가이를 따라가세요. 그게 제일 중요한 것 같아요."

방문은 그렇게 마무리되었습니다.

나중에 바바라는 유아 여사가 배웅하며 조심스럽게 자기를 안았을 때, 기모노의 얇은 견직 아래로 그녀의 가냘픈 몸이 느껴졌다고 설명했어요. 그 순간 그녀는 자기가 백 년 이상의 인생을 두 팔로 안았다는 사실을 깨달았고, 그 사실에 깊은 감동을 느꼈습니다. 그날 방문 후 그녀가 남긴 메모는 아직까지 내가 보관하고 있는 몇 안 되는 자료 중 하나이지요.

그날 오후 늦게 퇴근한 나는 뭔가 특별한 일이 일어났다는 것을 금방 알아챘습니다. "우리 같이 좀 걷자." 바바라는 잘 왔냐는 인사 대신 이렇게 말했죠.

"그래…" 나는 조금 망설이다 말했어요. 실은 나는 그날 오전 은행에서 일어난 사건 때문에 좌절하고 있었어요. 티모시와 나는 일본에서 우리가 하는 일에 진전이 없다고 느꼈죠. 사람들은 우리를 신뢰하지 않았고, 나는 점점 더 심한 압박감에 시달렸어요. 하지만 바바라와 함께 해변을 걸으며 얼굴로 바람을 맞고, 입으로 짠맛을 보고, 코로 바다 냄새를 맡고, 귀로 갈매기의 노랫소리를 듣자 금세 마음이 가라앉더군요.

바바라는 마치 다른 사람처럼 보였어요. 얼굴은 밝게 빛났지만 말이 없었어요. 그녀에겐 드문 일이었죠! 그리고 우리가 작은 집에 돌아왔을 때, 나는 바닥에 깔린 밀짚 매트 몇 장을 빼곤 거실이 텅 빈 것을 보고 깜짝 놀랐어요. 가구가 다 어디 갔냐고 묻지는 않았죠. 내 아내는 자기에게 중요치 않은 일상적 질문으로 특별한 순간을 망칠 때 과민 반응을 보이는 경향이 있었습니다.

이후 몇 시간 동안 우리는 바바라가 공들여 끓인 재스민 차를 마셨어요. 그녀는 낮에 있었던 일을, 댄, 킨조 박사, 유아 여사, 그리고 그녀의 자녀들과 보낸 시간을 하나도 빠짐없이 설명했어요.

그러다 마침내 내게 메모장을 보여주었죠. 거기엔 일본어로 네 글자가 적혀 있었습니다.

生き甲斐

"이게 뭐야?" 내게 일본어 문자는 고대 그리스어 상형 문자만큼이나 난해했어요.

"'이키가이'라고 읽는대."

"아하." 나는 이마에 주름을 지으며 호응했어요.

"처음 두 글자는 '인생'을, 나중 두 글자는 '가치'를 의미해. '이키가이'를 쉽게 번역하면, '인생을 가치 있게 하는 것'이란 뜻이야."

"도대체 이런 건 언제 배운 거야?"

내 말에도 그녀는 강의를 멈추지 않았죠.

"오키나와 사람들은 누구에게나 자신만의 '이키가이'가 있다고 믿어." 그녀는 자기 가슴을 가리켰어요. "이 인생의 가치는 숨겨져 있을지도 몰라. 그걸 찾기 위해서는 인내가 필요할 수도 있지. 하지만 그것은 분명 존재하고, 우리가 그것을 다른 사람에게 도움이 되도록 사용할 때 우리는 성장

할 수 있어."

나는 물 끓는 소리를 듣고 차를 좀 더 따르려고 자리에서 일어났어요. 바바라가 작은 탁자 위에 올려놓은 찻잔은 이미 오래전에 비어 있었습니다.

"이키가이는 한 사람이 행복을 느끼는 상태를 뜻해. 자신의 이키가이에 맞는 삶을 산다는 것은 자신에게 기쁨을 주는 동시에 다른 사람들에게도 가치 있는 일에 헌신한다는 뜻이야. 이키가이를 실천하는 것은 인생에 가치를 부여하지."

나는 고개를 끄덕였습니다.

"그렇다면 유아 여사는? 신전에 기도하는 것이 그녀의 이키가이야?"

바바라가 유아 여사와 그녀의 자녀들을 아주 상세하게 묘사한 덕분에 나는 그들을 직접 만난 기분이었죠.

"맞아, 당신이 그 나이가 됐다고 상상해 봐! 그분은 매일 아침 신령한 숲에 가서 마을의 안녕을 위해 기도한대. 나는 마을 사람들에게 자기가 필요하다는 느낌 덕분에 그분이 살아계시는 거라고 생각해."

댄은 돌아오는 길에 수백 년간 이키가이가 오키나와 사람들에게 어떤 역할을 했는지에 관해 설명해 주었답니다. 그는 그것이 오키나와 사람들이 장수하는 데 결정적인 기여를 했으리라고 추측했어요.

우리 둘은 한동안 말없이 앉아 있었어요. 그날 나는 이키가이 철학에 관해 처음 들었습니다.

그리고 문득 어떤 아이디어가 떠올랐어요. "내가 그걸 은행에서도 적용할 수 있을까?"

그간 바바라와 나는 티모시와 내가 일본 지점의 직원들에게서 신뢰를 얻을 방법을 여러 번 상의했지만, 그때까지 성과는 없었어요.

그녀의 눈이 반짝였죠. "자세한 건 좀 더 얘기해 봐야겠지만 그럴싸한 계획처럼 들리네!"

이 세상에서 내 아내만큼 상상력이 풍부한 사람도 없었죠.

며칠 후 나는 부사장 하루토와 면담을 잡았어요. 하루토는 경험이 많고 보수적인 사람이었습니다. 그 자리에는 불과 일 년 전에 대학을 졸업한 젊은 부하 직원 유키도 데리고 갔죠. 그는 어린 나이에도 불구하고 내 영감의 원천이 되기 충분했기에, 나는 종종 그와 은행 운영 문제를 상의하곤 했죠. 그는 미래 지향적이었고, 큰 그림을 볼 줄 알았으며, 전략적으로 생각했습니다. 게다가 그의 반짝이는 갈색 눈동자에는 정이 가득했답니다.

유키는 내가 머릿속으로 그리고 있던 미완의 아이디어를 실현하는 일에서 핵심적인 역할을 할 수 있는 인물이었어요. 나는 일본 지사와 직원들에게 미국식 직장 문화를 강요하는 대신, 미국 본사의 기대에 어느 정도 부응하면서도 현지의 문화적 특성에 적응하여 두 나라의 장점을 모두 활용하면 좋겠다고 생각했지요. 우리가 한배를 탔으니, 은행의 미국 문화와 현지의 일본 문화가 조화롭게 섞일 방법을 찾는 게 관건이었습니다.

유키는 자신이 부사장 면담에 초대되었다는 것에 놀라더군요. 초대를 영광으로 여기면서도 그 까닭을 궁금해했어요. 하루토 또한 의아해하긴 마찬가지였어요. 하지만 나는 위계질서에 관한 질문에 답하는 대신, 곧장 그 둘에게 현대 일본에서 이키가이의 의미를 아는지 물었습니다. 그리고 우리가 고대 일본 철학의 기본 요소를 바탕으로 더 높은 수준의 직원 참여를 끌어낼 수 있다고 주장했지요. 하루토의 얼굴에 이전까지 보지 못했던 표정이 어렸습니다. 웃는 건 아니었으나, 내 말에 감동했다는 걸 느낄 수 있었죠. 나는 둘에게 내 제안에 관해 고민해 달라고 부탁했어요. 그리고 며칠 후 회의를 다시 하자고 말했죠. 하루토가 회의실을 나가자 유키가 내게 할 말이 있는 듯 우물쭈물하더군요.

"유키, 말을 입 밖으로 꺼내도 돼!" 나는 그에게 격려의 미소를 지었죠.

그는 격의 없는 내 말투에 어리둥절하면서도 긴장이 풀린 듯 입을 열었어요.

"다음 주에 제 증조할머니의 생신 잔치가 열려요. 할머니는 오키나와에서도 '백 년 장수 마을'로 불리는 오기미에 사시죠. 그 마을 사람들은 세계에서 가장 기대 수명이 높다고 하더군요. 어쩌면 당신이 함께 가보고 싶어 하실 것 같아서 말씀드려요. 앞선 세대에게 이키가이는 여전히 건재하는 철학입니다." 그는 몸을 돌려 방을 나가면서 이렇게 덧붙였지요. "만약 당신께 더 좋은 계획이 있으시다면 어쩔 수 없지만요."

"유키, 정말 좋은 생각을 했군! 내가 아내를 데려가도 될까?"

그의 얼굴이 환하게 빛났습니다. "물론이죠!"

내가 손바닥을 펴들자 그는 기꺼이 손뼉을 맞부딪쳐 왔습니다.

화창한 여름 아침, 우리는 오기미로 주말여행을 떠날 채비를 마쳤습니다. 오키나와의 여름은 아침부터 햇살이 뜨거웠지만, 주변을 둘러싼 공기는 아직 상쾌했어요. 바바라와 나는 전형적인 미국인 관광객처럼 카키색 반바지에 반팔 셔츠를 입었어요. 다만, 바바라는 목에는 청진기를 걸고 팔에는 약상자를 들고 있어서 평범해 보이진 않았죠. 유키 할머니와의 통화에서 친구분 중 한 분이 넘어지셨다는 소식을 듣자마자 바바라는 진찰이 필요할 것 같다고 말했어요.

한 차에 탄 유키와 바바라는 단박에 말이 통했고, 덕분에 북부까지 가는 두 시간이 쏜살같이 흘러갔어요.

오기미 마을 입구에서 유키는 일본어로 긴 글이 새겨진 비를 가리켰어요. 그가 웃으며 그 내용을 번역해 주었습니다.

70대면 어린이다.

80대면 청년이다.

만약 90이 되어 조상들이 너를 하늘로 초대하거든,

100살이 될 때까지 기다리고 해라.

그런 다음 천천히 고민을 시작해도 된다.

비문이 빈말이 아니라는 건 곧 알 수 있었습니다. 오기미는 정정한 증조부모 세대가 자기 집에 살면서 자기 손으로

밭을 일구고 사는 마을이었어요. 서양이라면 주말에 그들을 찾아오는 자녀와 손주들이 요양원에 들어가고도 남았을 나이였죠.

유키 증조할머니의 생신 잔치는 정성껏 꾸며진 마을 정원에서 열렸습니다. 마을 사람들은 손수 만든 등불을 나무에 걸었어요. 그 외에도 여러 가지 오키나와 전통 예술 작품들로 눈과 영혼이 골고루 즐거웠지요. 할머니는 우리를 따뜻하게 맞아 주셨고, 다른 분들에게도 소개해 주셨습니다. 그곳에는 젊은이들조차 영어를 할 줄 아는 사람이 거의 없어서 우리는 주로 몸짓으로, 가끔은 과장된 손짓으로 소통해야 했어요. 분위기는 따뜻했고, 잔치에 오신 나이 많은 손님들은 우리가 상상했던 것보다 훨씬 활기찼습니다. 우리는 함께 웃으며 이야기를 나누었어요. 잔치 내내 배경에서는 오키나와의 전통 현악기인 산신이 연주되었고, 때로 사람들은 자리에서 일어나 리듬에 맞춰 몸을 흔들거나 신나게 노래를 따라 불렀죠. 바바라와 나도 최선을 다해 분위기를 맞췄습니다. 저녁이 되어 유키의 사촌 집에서 하룻밤을 묵으러 자리를 떠나기 전에 우리는 모두 정원에서 신나게 춤판을 벌였어요. 마치 젊은 아가씨의 생일 파티 같았죠.

다음날 우리는 이키가이 철학과 그것이 일상에서 어떤 역할을 하는지에 관해 마을 주민들과 대화할 기회를 가졌

습니다. 마을 회관의 큰 탁자에 둘러앉아, 오키나와에서 으레 그러하듯 재스민차를 마시며 우리가 들은 이야기는 모두 엇비슷했습니다. 80대와 90대, 그리고 100세가 넘는 어르신들은 하나같이 좋은 때건 나쁜 때건 이키가이가 그들에게 의지할 기둥이자 방향을 잡는 나침반이 되었다고 말했습니다. 우리는 오키나와가 1872년 일본 제국에 편입되기 전까지는 독립된 섬나라로 '우치나구치うちなーぐち'라는 고유 언어를 사용하였고, 그 언어에는 은퇴를 뜻하는 단어가 아예 없었다는 사실을 알게 되었지요. 예로부터 오키나와의 문화에서는 의미 있는 일을 하고 공동체에 긍정적으로 기여하는 것이 중요하다고 여겼으므로, 은퇴라는 서양식 개념은 아예 존재할 수가 없었습니다.

유키는 이 모든 대화를 세세하게 기록했고, 그와 별도로 바바라와 내가 직접 받아 적은 공책도 아직 내 책상 서랍에 남아 있어요. 그만큼 거기서 깊은 영감을 얻었다는 뜻이죠. 그중 가장 인상 깊었던 어르신들의 말씀을 소개해 볼게요.

"내 일이 나의 이키가이입니다. 일하지 않는다면 몸과 정신이 약해져요." 95세 어르신이 하신 말씀이에요. 놀랍게도 그분은 그때 당시에도 여전히 교육 자료를 출간하는 회사에서 고문으로 일하고 계셨습니다. 매일 아침 1.2km를 걸어서 출근하고, 사무실에서 다양한 업무를 처리한 후에는 시내 서점들을 한 바퀴 도는 게 그분의 일상이었어요. 그는 "일이 나를 움직이게 합니다."라고 자랑스럽게 말씀하셨죠.

"나는 아침에 일어나면 제단으로 가서 촛불을 켜요. 우리는 조상님을 잘 모셔야 해요. 그것이 매일 아침 내가 제일 먼저 하는 일이에요. 그게 나의 이키가이이죠." 90세가 넘은 다른 여자 어르신이 말씀했어요. 이 말에 바바라는 유아 여사를 떠올렸지요.

"직접 채소를 키우는 게 내 이키가이에요. 매일 이웃들과 내가 키운 채소를 나누어요. 그게 나를 행복하게 하죠. 일이 많긴 하지만, 거기서 나는 만족을 느껴요." 유난히 가냘픈 체구에 백발을 짧게 자른 99세 어르신이 말씀했어요.

"친구들을 돕는 게 나의 이키가이입니다. 우리가 모였을 때 나는 친구들을 격려하고, 그들이 즐거운 생각을 하도록 북돋아 줘요. 그것이 내 인생의 가장 큰 기쁨이고 의미입니다." 100세 어르신이 덧붙였지요.

"나는 바구니 짜는 일을 합니다. 그게 내 이키가이에요. 아침이면 기도를 하죠. 그런 다음 체조를 하고, 채소와 두부가 들어간 국으로 아침 식사를 합니다. 7시부터는 차분히 앉아 바구니를 짜기 시작해요. 오후 5시가 되어 피곤해지면 친구들을 만나러 갑니다." 87세 남성 분이 미소를 지으며 말씀하셨어요.

"나의 이키가이는 무언가를 배우며 다른 사람이 배우는 것을 돕는 데 있어요. 내가 무언가를 배우고 그걸 다른 사람들과 나눌 수 있는 한, 내겐 하루하루가 소중한 날이에요." 이 말을 한 분은 100세를 조금 넘긴 여자 어르신이었어요. 우리는 그 연세에도 매일 새로 배울 것이 있는지 궁금했습니다. 특히 나는 이 말을 듣고 정말 많은 생각을 하게 되었어요.

오전이 거의 끝나갈 무렵, 다른 여자 어르신이 핵심을 짚으셨어요. "사람이 자기 삶의 이키가이를 발견하고 그걸 따르기 시작하는 순간, 삶은 의미를 얻습니다. 하지만 이키가이는 다른 사람들에게 도움이 되고자 실천하는 것이지, 자기 자신만 찾고 생각하는 건 아니에요. 인생은 흘러갑니다. 자기 삶의 이키가이를 분명히 아는 사람에겐 매 순간 가치 있는 일에 몰두할 기회가 생기지요. 그런 사람은 순간을 영원처럼 느낄 수 있어요."

✕⟋

은행으로 돌아온 월요일 아침, 나와 유키, 그리고 하루토는 작은 프로젝트를 위한 팀을 꾸리기로 결정했어요. 그리고 며칠 만에 3단계 계획을 수립했습니다. 그 첫 단계로, 우리는 전체 직원회의를 열어서 '이키가이의 해'를 선포하기로 했어요. 전 직원이 가족이나 친구들로부터 이키가이를 수집해 와서 동료들과 나눌 것을 요청하기로 했죠. 두 번째 단계로 직원들이 저마다의 이키가이를 정의하고 은행 안에서 그것을 실현할 가능성을 타진하는 워크숍을 계획했어요. 마지막으로 우리는 경영 차원에서 이키가이의 개념을 어떻게 활용하고 그것을 은행의 목표에 어떻게 접목할 수 있을지 한 번 더 고민해 보기로 했습니다.

처음에는 그 과정이 순탄치 않았어요. 직원회의에서는 그 누구도 입을 열지 않았고, 사람들은 조용히 책상으로 돌아가더군요. 하지만 며칠 후 유키가 보고하길, 그 주제에 관해 이야기를 나누는 직원들이 늘고 있다고 했어요. 집으로 돌아가서 부모님이나 증조부모님, 혹은 고조부모님과 이키가이에 관한 대화를 나누고 온 직원들은 서로 들은 얘기를 나누기 시작했죠. 얼마 지나지 않아 우리의 이키가이 프로젝트에 관한 이야기가 퍼져 나가면서, 우리가 바라기는 했으나 감히 기대하진 못했던 수준의 주목을 받기 시작했어요. 그만큼 우리가 진행한 워크숍 또한 성공적이었어요. 워크숍의 설계를 맡은 팀들은 이키가이의 개념과 그 다양한 측면을 한눈에 이해할 수 있도록 보여주는 코칭 도구를 개발했습니다.

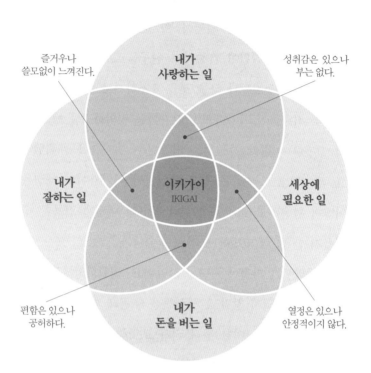

즐거우나
쓸모없이 느껴진다.

내가
사랑하는 일

성취감은 있으나
부는 없다.

내가
잘하는 일

이키가이
IKIGAI

세상에
필요한 일

편함은 있으나
공허하다.

내가
돈을 버는 일

열정은 있으나
안정적이지 않다.

우리는 이것에 '이키가이 꽃'이란 이름을 붙였는데, 더 이
상의 설명이 필요 없을 정도로 개념을 잘 포착하는 말이
었습니다. 그리고 직원들에게 은행 업무와 자신의 이키가
이 간의 교집합을 늘려나갈 방법을 상사들과 상의해 가며
고민하도록 유도했어요. 자신이 잘할 수 있고, 열정을 쏟을
수 있고, 동시에 세상에 필요하고 금전적 보상까지 받을 수
있는 일을 업무로 맡는다면 그보다 더 이상적일 수는 없을
겁니다. 물론 매번 그럴 수는 없겠죠. 하지만 인내와 끈기를

갖고 노력한다면 대부분은 업무와 이키가이가 합쳐지는 순간이 점점 늘어나게 됩니다. 신중함과 결단력이 있다면 직장에서도 이키가이를 가꾸고 발전시킬 수 있는 거죠. 무엇보다 오키나와 사람들은 이키가이를 꽃에 비유하길 좋아했는데, 그건 우리 안에 저마다의 이키가이의 씨앗이 있다는 믿음을 잘 드러내기 때문입니다. 하지만 싹을 틔우고 꽃 피우기 위해서는 물을 주고 가꾸고 정성껏 돌봐야 해요. 자기 안에서 이키가이를 발견하는 게 전부는 아닙니다. 생각만으로는 인생을 바꿀 수 없어요. 행동해야 합니다.

우리 계획에서 세 번째 단계를 실행하기는 쉽지 않았으나 그만큼 보람도 컸습니다. 티모시를 비롯해 일본 전역에서 온 고위 경영진 여럿이 회의에 참석했고, 우리는 함께 미국 본사의 기업 이념과 충돌하지 않는 선에서 이키가이 전략의 핵심 요소들을 개발하려고 노력했습니다. 우리가 정한 '이키가이의 해' 첫 번째 목표는 일본의 모든 직원을 이키가이에 적극적으로 참여시켜서 기업의 생산성과 고객의 만족도를 높이는 것이었어요. 그리고 우리는 과감하게 한발 더 나아가 사회가 은행에 무엇을 요구하는지를 물었습니다. 직장 협의회에서 직접 공공사업을 결의하고 투자할 수 있도록, 환경 보호와 공공사업을 위한 기금을 설립하자고 뉴욕 본사를 설득하는 과정은 녹록지 않았습니다. 하지만 이 새로운 접근법은 곧 좋은 호응을 얻었지요. 오키나와 사람들은 기본적으로 사회적 책임감이 있는 시민들이라, 무슨 일을 하든지 공동체의 복지와 자연 보호 윤리를 고민했습니다. 우리 은행이 공공의 이익과 환경을 위한 사업을 지원하기로 하자 기업 평판은 개선되었고, 직원들의 얼굴도 자부심으로 빛나기 시작했죠.

요즘 세상 돌아가는 것을 보니, 그때 우리의 생각이 얼마나 앞서 나간 것인지를 새삼 실감하게 됩니다. 당시엔 '지속 가능성'이나 '기업 시민 의식' 같은 단어를 시중에서 들어본 적이 없었어요. 우리는 천 년이나 된 선조들의 생각으로부터 시대를 앞서 나가는 경영법을 개발한 거예요. 물론 이키가이 프로젝트를 통해 우리 은행이 일본과 아시아에서 맞닥뜨린 모든 문제가 신속하게 해결되었다는 건 아니에요. 하지만 분명한 변화가 있었고, 아직도 나는 그때를 기억하면서 만족을 느낍니다.

✦

오키나와에서 보낸 시간은 문자 그대로 쏜살같이 지나갔습니다. 우리는 매일 새로운 무언가를 보고, 듣고, 느끼고, 맛보고, 냄새 맡고, 체험했어요. 그리고 경험을 제대로 곱씹을 새도 없이 그 아름다운 섬에 체류할 시간이 끝나고 말았습니다. 우리는 오키나와와 제대로 이별할 수 있는 특별한 장소를 물색했어요. 바바라와 나는 등대라면 형태와 색깔을 가리지 않고 좋아했죠. 우리는 등대에서 인간 존재가 지닌 수많은 모순점을 발견했어요. 등대에는 빛, 안전, 편안함에 대한 욕구와 함께 어둠과 모험에 대한 갈망이 깃들어 있고, 진실에 대한 열망과 함께 환상에서 위안을 얻고자 하는 마음이 깃들어 있습니다. 그날 우리가 찾은 등대 또한 우리를 실망시키지 않았어요. 멀리서 하얗게 빛나던 등대는 달 표면처럼 울퉁불퉁한 바위로 둘러싸여 있었습니다. 그날따라 바닷물은 깊고 맑았으며, 등대 주변에 무성하게 자란 풀은 캘리포니아의 소들을 풀어놔도 군말이 없을 만큼 푸르렀어요. 우리가 도착했을 때는 주변을 돌아다니는 사람들이 몇 있었으나, 막상 돗자리를 펴고 소풍을 시작하려 했을 때는 그 아름다운 장소를 독차지할 수 있었지요. 싸 간 음식을 먹으며 우리는 그 섬에서 지난 몇 달간 배운 것들을 되새겼어요. 우리는 오키나와 사람들이 아주 특별한 무언가를, 노년까지 건강하고 활기차게 사는 비결을 찾아냈다는 것에 동의했습니다. 서양에서는 상상하기 힘든 일이었지요.

 "만약 오키나와의 전통 생활 방식과 같은 효과를 내는 약이 나온다면 날개 돋친 듯 팔릴 거야." 바바라는 제약사에서 일하는 친구, 알렉스를 떠올리며 웃었지요.

그렇다면 장수하는 오키나와인들은 과연 어떻게 생활할까요?

오키나와 사람들의 공통점 중 하나는 하루를 일정한 아침 루틴으로 시작한다는 것이었어요. 누군가는 기도와 명상을 했고, 다른 누군가는 고요한 가운데 관조하며 차를 마셨죠. 이처럼 자기를 살피며 하루를 시작하는 습관이 유익해 보였습니다. 더불어 채소를 중심으로 생선과 두부를 조금씩 곁들이는 균형 잡힌 식습관도 장수하는 데 큰 영향을 미치는 것 같았어요. 많이 먹지 않는 것도 중요했죠. 댄이 인터뷰한 100세 이상 노인 중 대부분이 살면서 오랜 세월 음식이 조금밖에 허락되지 않는 궁핍을 겪었어요. 바바라는 그 시기 동안 그들이 오늘날 과학자들이 '자가포식'이라고 부르는 작용을 활성화한 게 아닐까 추측했어요. 자가포식이란 몸이 단식 상태에 있을 때 작동하는 메커니즘으로, 세포가 스스로 수명이 다한 세포를 제거하고 암이나 다른 건강 문제를 일으킬 수 있는 해로운 단백질을 재활용하도록 돕습니다. 매일 적당한 운동을 하는 것 또한 오키나와 생활 방식의 하나예요. 섬 주민 중 다수가 텃밭을 적극적으로 가꾸었고, 나이가 아주 많은 노인도 직접 농사를 지은 채소를 먹었어요. 오키나와 전반에 흐르는 강한 공동체 의식 또한 생활 방식을 구성하는 중요한 요소였죠. 그들은 가족과 공동체 안에서의 유대 관계를 굉장히 중요하게 여기는 것처럼 보였어요. 어디를 가든 노래와 춤이 있었고, 덕분에 우리는 오키나와 사람들이 죽음뿐 아니라 삶을, 그들의 육체와 영혼을, 그리고 자연과 더 큰 우주를 소중히 여긴다는 것을 알 수 있었습니다.

이키가이 철학도 빠뜨릴 수 없는 요소입니다. 우리가 제일 큰 관심을 가진 요소이기도 하지요. 오키나와에서 나는 스스로 배우는 것과 더불어 다른 이들에게 배움의 영감을 주는 것이 나의 이키가이라는 걸 깨달았어요. 과거에 나는 은행에서 성장의 기회를 충분히 얻었고 그 점에 감사했지만, 이키가이의 나머지 반쪽은 은행원 생활로는 채우기 어려웠죠. 나는 배울 때 살아있음을 느꼈지만, 다른 사람들에게 배움의 영감을 주는 것은 내가 직장에서 경험한 적 없는 가치가 있었어요. 한편, 바바라는 나와는 다른 것을 깨달았습니다. 바로 다른 사람들이 건강하게 살도록 돕기 위해서는 자신과 자신의 건강부터 제대로 돌봐야 한다는 것이었죠. 혹시 비행기가 이륙하기 전 승무원들이 복도로 나와서 안내하는 말을 기억하나요? 비행기 객실 내 기압이 떨어지면 자신부터 산소마스크를 쓰라고 하지요. 자신이 제대로 숨을 쉬지 못하면 다른 사람을 도울 수도 없는 법입니다.

 그곳에서 우리는 오랫동안 대화를 나눴어요. 마침내 소풍을 마치고 남은 음식을 배낭에 집어넣을 때는 이미 해가 수평선에 기울어 있었죠. 등대에 올라가기 딱 좋은 때가 온 거예요! 말만큼 쉽지는 않았습니다. 끝도 없이 이어진 좁은 계단을 올라 꼭대기에 이르렀을 때 우리는 가쁜 숨을 몰아쉬어야 했어요. 하지만 그곳에서 우릴 기다린 풍경을 보자 노력이 아깝지 않았습니다. 오키나와에서 수없이 많이 바다를 보았지만, 그날 우리는 그 어디서도 보지 못한 바다색과 강한 파도를 보았어요. 드넓은 바다가 우리를 사로잡았고, 잠시 후 바바라가 조용히 말했지요.

 "언젠가 우리는 이 모든 걸 하나로 모아야 해. 운 좋게 우리가 발견한 모든 지혜와 우리에게 허락되었던 모든 경험을 말이야. 어쩌면 책으로 써야 할지도 몰라. 성공적인 인생의 본질에 관한 책을. 모든 사람에게 딱 맞는 정답은 없겠지만, 우리 각자가 인생의 방향을 찾고 자신의 상황에 맞춰 유연하게 적용할 수 있는 지혜는 분명 존재하는 것 같아."

 그녀는 자기 말을 들었는지 확인하느라 잠시 나를 바라보았어요. 그런 다음 다시 바다로 시선을 돌렸지요.

 "인생에서 어떤 주제들은 매우 본질적이고 보편적이라서 시간의 흐름을 초월하는 것처럼 보여. 그리고 우리가 그런 주제에 관심을 기울인다면 인생 전반에 긍정적인 영향을 얻을 수 있지. 나는 지금 너무나 중요해서 그것 없이는 인간 존재를 상상할 수 없는 주제에 관해 말하는 거야. 내 말, 무슨 뜻인지 알겠어?"

그곳은 열대 지방이라 해가 지기 무섭게 어두워졌고, 우리는 어느새 하늘에 별이 하나둘 나타나기 시작하는 것을 볼 수 있었습니다.

"말하자면 '빅 파이브' 같은 거야?"

바바라가 무슨 말인지 궁금하다는 표정으로 나를 바라보았고 나는 말을 이었죠.

"코끼리와 사자, 표범, 물소, 코뿔소 없이 우리는 아프리카를 상상할 수 없잖아. 마치 물을 제외하고 바다를 떠올릴 수 없듯이."

어둠 속에서도 바바라의 눈이 반짝이는 게 보이더군요.

"맞아, 바로 그런 거야." 바바라는 조용히 답하고선 이렇게 덧붙였어요. "우리는 인생의 이런 요소들에 대해 신중하게 고민해야 해. 성급히 판단을 내려선 안 되지. 아직 할 일이 너무 많아. 레오나르도, 부디 우리가 오래 살아서 이 일을 다 할 수 있다면 좋겠어!"

그리고 우린 정말 그렇게 했습니다. 그 귀중한 시도 덕분에 우리는 각자 직업 전선에서 물러난 후에도 의미 있는 인생을 살 수 있었어요. 소피아, 그래서 이키가이의 철학은 중요합니다. 서양 사람들이 흔히 그러하듯이 인생의 주된 목적을 행복 추구에 맞추는 건 도박이나 다름없어요. 오키나와에서 보낸 시간 동안 우리는 행복보다 더 깊은 경험을 찾아야 한다는 걸 배웠죠. 인간은 행복하길 원하고, 그건 당연한 일입니다. 하지만 행복은 유동적이고 끊임없이 변합니다. 잠시 잠깐 곁에 있다가도 금방 다시 떠나지요. 반면 삶에 의미가 되는 크고 작은 임무를 끊임없이 자신에게 부여하는 것은 마치 인생에서 좋은 때나 나쁜 때나, 심지어 행복이 잠시 떠나갔을 때라도 우리 곁을 지키는 충실한 친구를 갖는 것과 같습니다.

금융의 세계에서 투자의 목적은 예치된 자산으로 수익을 창출하는 것에 있습니다. 인생은행에서도 같은 법칙이 적용되지요. 자산 대신 시간과 관심, 그리고 우리의 진심을 투자하여 부를 늘리는 것입니다. 금융에서는 특히 수익성이 높은 투자에 더 높은 위험성이 뒤따르기 마련이지만, 다행히도 인생은행은 그렇지 않아요. 자신의 이키가이를 다른 사람들에게 맞추면 위험 부담은 적고 이익을 얻을 가능성은 큽니다. 적어도 내 경험으로는 그래요. 하지만 자신의 이키가이를 발견하는 것만으로는 충분하지 않습니다. 힘들여 노력하는 것도 이키가이의 일부에요. 열정은 사람이 어떤 일을 할 때, 하물며 그것이 힘에 부치는 일이라 할지라도 멈추지 않고 거듭해서 목표를 향해 나아갈 때 생겨납니다. 어떤 일에서 다른 일로 만족감을 찾아 옮겨 다니면 목표한 지점에 이르지 못할 위험이 있어요. 물질적으로 풍요한 요즘 사람들에게서 종종 나타나는 현상이지요. 사람들은 과거의 궁핍으로부터 멀어지는 것에서 기쁨과 행복을 찾지만, 결국 공허와 상실감을 느끼는 것으로 끝이 나죠.

소피아, 당신은 어떻게 생각하나요?

인생의 이 대형 계좌에 시간을 투자하여 당신이 벌어들이는 돈 이상으로 자신과 다른 이들에게 가치를 더하고 있나요?

물론 이것은 수사적 질문입니다. 당신이 이미 그렇게 하고 있다는 걸 나는 알아요. 하지만 성공한 심리학자라도 이따금 이런 생각을 다시 해 볼 가치는 있을 겁니다. 우리는 오키나와에서 수십 년 동안 이키가이를 지키며 사는 사람들을 많이 보았어요. 하지만 이키가이 또한 바뀔 수 있고, 그것을 표현하는 새로운 방식을 우리가 찾게 될 수도 있어요. 소피아, 당신은 우리의 공동 집필 프로젝트를 당신의 이키가이 중 하나로 삼을 수 있겠어요? 나는 분명 그런 것 같아요.

자, 오늘은 여기까지입니다. 가끔 나는 당신이 이 편지를 읽으면서 바바라와 내가 끊임없이 여행과 모험을 즐기며 인생을 살았다고 생각하진 않을까 궁금해집니다. 하물며 요즘엔 나도 그렇게 착각하곤 하지만, 실상은 그렇지 않았어요. 시간이 흐르면서 일상의 기억은 머릿속에서 하나의 반죽으로 뒤섞이는 반면, 여행 중에 일어난 일들은 분 단위로 장기 기억에 저장되어 소중한 보물처럼 평생을 함께하는 것 같아요. 그러나 인생의 대부분은 일상이므로, 일상에서 의미를 찾는 것이 매우 중요합니다.

당신은 아마도 어떻게 하면 이 편지들을 제대로 된 책 한 권으로 엮을 수 있을지 고민하고 있겠지요. 가끔 나는 글쓰기가 미지의 세계를 탐험하는 일과 비슷하다고 생각해요. 얼추 가야 할 방향은 알지만, 정확한 길은 잘 보이지 않아요. 심지어 길이 진짜 있는지도 알 수 없을 때가 있죠. 그런 와중에도 계속 나아가려면, 새로운 것을 창조하고자 하는 사람에게 으레 그러하듯 많은 용기와 확신이 필요한 것 같습니다.

진심을 담아,
레오나르도

9장
열정

"바라는 것만으로는 충분치 않고, 행동해야 한다."

요한 볼프강 폰 괴테 Jahann Wolfgang von Goethe

소피아는 베를린 시내에 있는 일본식 카페를 찾았다. 꼬불꼬불한 나선형 계단을 오르자 쾌적하고 아름다운 공간이 펼쳐졌다. 소피아는 단박에 그 카페가 마음에 들었다. 예스러운 물건과 여러 가지 화분이 들어찬 실내공간은 커다란 통창과 어우러져 마치 오랜 시간에 걸쳐 유기적으로 연결된 대도시의 풍경을 닮아 있었다. 도심 한가운데서 온실에 들어온 기분이었다. 소피아는 녹차 라떼를 덮은 여린 이파리를 바라보며 골똘히 생각에 잠겼다. 레오나르도와 바바라의 인생은 분명 완벽하지는 않았지만 그들의 관계에는 신비로운 구석이 있었다. 그들이 함께 떠난 그 모든 여행과 공동의 목표, 서로의 발전을 기꺼이 돕는 마음의 태도 등이 소피아의 마음을 사로잡았다. 이전까지 그녀는 오키나와에 관해 들어본 적도 없었다. 하지만 지금은 그 섬이 눈앞에 생생히 그려졌다. 그 섬의 여러 면모 중 그녀가 주목한 부분은 이키가이의 철학이었다. 오늘날 많은 조직이 장황한 미사여구를 동원하여 일의 목표와 가치, 의미 등을 논하지만, 막상 설문조사는 정반대 결과를 보여준다. 전 세계적으로 자기 일에서 흥미를 잃고 삶 전반에 불만을 느끼는 사람들이 늘고 있으며, 그 결과 생산성이 줄어드는 현상이 나타나고 있다. 소피아는 무엇이 잘못되었는지에 관한 자기만의 이론을 갖고 있었다. 그녀가 발견한 문제 중 하나는 사람들이 자신이 속한 조직에서 의미를 찾으라는 조언을 너무 많이 듣는다는 데 있었다. 하지만 아무리 명예로운 목표를 가진 조직에서 일하는 사람이라 해도 자신이 실제로 하는 일에서 충족을 얻지 못한다면 아무 소용이 없다. 소피아가 이키가이라는 개념에 매료된 이유가 바로 여기에 있었다. 그것이 조직의 거창한 목표와 개개인의 내적 동기 사이의 틈을 메워줄 수 있을 것처럼 보였기 때문이다.

소피아는 레오나르도의 편지를 다시 손에 들고 '이키가이 꽃'에서 꽃잎 하나하나를 탐구하기 시작했다. 꽃송이를 보며 그녀는 사람들이 자신의 일에서 의미, 에너지, 기쁨을 찾을 수 있도록 도움을 주는 현대적 코칭 도구를 떠올렸다. 《뉴욕 타임즈》가 선정한 베스트셀러 작가인 조나단 필즈 Jonathan Fields가 개발한 것이었다. 소피아는 뉴욕에서 열린 리더십 강연회에서 그를 직접 만난 적이 있다. 그는 자기 연구팀과 함께 수천 시간을 들여 직장 내 동기 부여 유형을 연구했고, 그 결과 대부분의 사람은 10가지 유형 중 하나에 해당한다는 사실을 밝혀냈다. 소피아는 스마트폰을 꺼내 온라인에 무료로 배포된 테스트를 열었다. 아직은 스페인어와 영어로만 서비스 되었지만 테스트 자체는 매우 인상적이었다. 그녀는 나중을 위해 각각의 유형을 정리하여 메모했다.

1. 전문가The Expert

- 새로운 지식을 습득하길 좋아하며 무언가를 배우고 정보를 처리하는 행위 자체에서 새로운 에너지를 얻는다.
- 배운 것을 실제로 활용할 수 있을지는 크게 중요치 않다.
- 배움의 경험 자체에서 의미와 기쁨을 얻는 유형.

2. 제작자The Maker

- 아이디어를 현실로 구현하는 일에서 동기를 얻는다. 그 결과가 물리적 형태인지, 디지털 또는 실험적 형태인지는 상관없다.
- 발명가, 수공업자, 작가, 예술가, 음악가 등.
- 이들에겐 무에서 유를 창조하는 과정이 가장 큰 원동력이다.

3. 과학자The Scientist

- 복잡한 문제를 푸는 모험을 좋아하며 그 목표를 이루기 위해 시간과 노력을 아끼지 않는다.
- 포기하지 않고 원하는 답을 찾을 때까지 끈질기게 노력한다.

4. 본질주의자The Essentialist

- 혼란스러운 환경에서도 질서를 세우는 일에서 깊은 만족감을 얻는다. 효율적이고 효과적으로 작동하는 새로운 시스템을 창조하는 데일에 헌신한다.
- 단순하고 질서정연한 상황을 추구한다.

5. 연기자The Performer

- 다른 사람과의 상호작용으로 에너지를 채울 때 활력을 느낀다.
- 모든 순간에 활력을 불어넣고자 하며 다른 사람에게도 상호작용하는 경험을 만들어 주기 위해 노력한다.
- 그곳이 회의장이든 상담실이든 물건을 파는 박람회장이든 간에, 일어나는 모든 대화에 활력을 불어넣으려고 애쓴다.

6. 현자 The Sage

- 사람들이 내적 성장을 이룰 수 있도록 영감을 주는 것을 좋아한다.
- 통찰을 얻어 타인과 나누기 위해 공부한다.
- 다른 사람들 또는 집단에 통찰을 가져다주고 그들을 긍정적인 방향으로 이끄는 것에서 살아있음을 느낀다.

7. 전사 The Warrior

- 공동의 목표를 달성하기 위해 사람들 혹은 집단을 이끌 때 에너지가 올라간다.
- 사람들을 하나로 모아 A 지점에서 B 지점으로 나아가는 것을 좋아한다.
- 어릴 적부터 무리를 이끌거나 공동체 활동을 주도하

는 모습을 보인다.

8. 조언자The Advisor

- 다른 사람들이나 기관이 스스로 개선하고 발전하도록 그들에게 정확한 지침을 제공하는 것에서 동기를 얻는다.
- 다른 사람들에게 조언하는 것으로 긍정적 결과에 기여하기 위해 자신의 지식을 나누는 것을 즐긴다.
- 전사 유형이 대부분 집단의 구성원으로 활동하는 반면, 조언자는 집단의 바깥에서 집단 내 사람들에게 다가간다.

9. 변호인The Advocat

- 다른 사람들에게 실질적인 도움을 주며 자신이 신뢰하는 사람과 아이디어를 지지한다.
- 어떤 아이디어, 개인 혹은 집단에 헌신하는 것에서 동기를 얻는다.
- 회의 중 어떤 동료의 의견이 무시당한다고 느끼면 사람들의 주의를 끌기 위해 노력한다.

10. 양육자The Nurturer

- 어느 때나 다른 사람을 지원하고 돕는 것을 좋아한다.
- 동정심과 배려심이 많으며 공감 능력이 뛰어나고 사회적 관심이 높다.
- 다른 사람의 삶을 자기 삶만큼이나 중요하게 여긴다.

소피아는 재미 삼아 테스트를 다시 했다. 물론 전과 같은 결과를 확인할 수 있었다. 그녀는 주로 '현자' 유형에 해당했다. 다른 사람들에게 영감을 주고 그들이 스스로를 신뢰하며 잠재력을 펼칠 수 있도록 돕기 위해 자신이 배우고자 하는 사람이었다. 그녀는 종종 코칭을 받으러 온 고객과 상담이 끝나면 누가 누구에게 비용을 청구해야 할지 모르겠다는 생각을 하곤 했다. 그만큼 그녀는 자기가 하는 일이 즐거웠다. 두 번째로 그녀가 해당하는 유형은 '연기자'였다. 그녀는 다른 사람과의 만남을 활기차게 만드는 것을 좋아했고, 다행히 그녀의 직업은 그렇게 할 수 있는 여지가 충분했다.

소피아는 다시 '이키가이 꽃'을 바라보았다. 그녀의 직업적 삶은 실제로 그녀가 잘할 수 있고 열정을 품고 있으며, 고객들이 가치를 느끼고 금전적으로도 좋은 보수를 받는 활동들로 구성돼 있었다. 당연히 그녀가 하는 일에도 회계나 여타 행정 업무처럼 쉽게 좋아할 수 없는 것들이 있었다. 하지만 본질적으로 그녀의 직업 활동은 '이키가이 꽃'의 네 가지 측면을 골고루 충족하고 있었고, 덕분에 그녀는 인생의 일 영역에서만큼은 매우 만족하고 있었다. 그녀는 그 것을 진심으로 감사하게 생각했고, 저절로 자세를 고쳐 앉게 되었다. 그녀는 미소를 지으며 잠시 기지개를 켰다. 이제 그녀에겐 다른 사람들도 자신처럼 일에서 만족할 수 있도록 도울 특권이 있었다. 열 가지 유형 검사는 자기를 찾아가는 과정에서 훌륭한 출발점이 될 수 있었다.

자신의 이키가이를 찾는 또 다른 방법은 어릴 적 혹은 청소년기에 자연스럽게 빠져들었던 활동들을 돌이켜 보는 것이다. 기쁨과 소중함의 감각을 일깨우는 사고 및 감정과 행동 패턴은 인생의 초기에 형성되기 때문이다. 소피아는 생각을 멈추고 짧게 메모한 다음 차를 한 잔 더 주문했다. 그리고 다시 생각에 잠겼다.

그녀는 이키가이를 발견하는 간단하고 실용적인 방법을 하나 더 떠올렸다. 최근 코칭을 받으러 온 고객에게 추천한 접근법이었다. 짧게는 한 주, 길게는 한 달가량 자신을 관찰해 가며 일 안팎에서 특히 힘을 주는 활동을 찾은 뒤, 그 숭고한 힘을 얻기 위해 일하는 것이다. 현재 직업이 마음에 들지 않으면 즉시 사표를 던지라는 얘기가 아니다. 대신 지금 하는 일이나 여가 시간에서 자신이 힘을 얻을 수 있는 활동을 더욱 장려하고 자주 시도하여, 더 큰 힘을 모으라는 것이 조언의 핵심이다.

소피아는 주변을 둘러보았다. 그녀의 시선이 벽에 걸린 섬세한 일본화에 머물렀다. 이 책을 집필하는 작업 또한 그녀에게 이키가이를 실현할 기회가 될 수 있을까? 글쓰기는 쉬운 일이 아니었다. 쓰는 일은 고됐고, 종종 고립감과 자기 회의가 찾아왔다. 하지만 자신이 쓴 글을 손보며 독자의 삶에서 일어날 진정한 변화를 상상할 때면 그녀는 완전한 몰입을 경험할 수 있었다. 그러나 한 가지, 그녀 마음에 걸리는 것이 있다면 레오나르도에게서 제안이 오리라는 기대와는 달리 아직까지도 편지 외에는 별다른 접촉이 없었다는 점이다. 적어도 한 번은 프로젝트에 대해 직접 대화를 나눌 필요가 있었고, 둘이서 화상 회의라도 하는 건 전혀 어려운 일이 아니었다. 레오나르도는 지난 편지에서 언젠가 산타바바라의 집에서 만나자는 얘길 했었다. 그녀가 조금만 노력한다면 이 또한 충분히 가능한 일이었다. 다만 그녀는 그때까지 레오나르도와 바바라에게 딱 맞는 책을 쓰기 위한 아이디어를 많이 모아 두고 싶었다.

소피아는 노트북을 열어서 당장 베를린의 공유 오피스를 검색하기 시작했다. 실제로 책을 구상하는 일은 일단 레오나르도와 대화를 나누고 나서 시작하리라 마음먹었다. 그러니까 아직 시간이 있었다. 그동안 그녀가 이 도시에서 인맥을 좀 쌓는다 해도 문제 될 건 없었다. 그건 집필에도 도움이 될 터였다.

소피아는 손을 들어 계산을 요청했다. 이제 가야 할 시간이었다. 어지러울 정도로 꼬불꼬불한 계단을 내려오면서 그녀는 머릿속으로 해야 할 일들의 목록을 떠올렸다. 다행히 그녀에겐 그 일들을 해낼 시간이 충분했다. 그녀는 최근 몇 년 사이 현대 미술 전시장으로 변모한 베를린 거리를 걸었다. 그녀의 시선이 넓은 보도를 장식하고 있는 푸른 대나무 설치물에 꽂혔다. 그 옆에서는 이동식 태양광 패널이 늦여름의 햇살을 흡수하고 있었다. 넓은 의미에서 보자면 이키가이를 추구하는 삶은 재생 가능한 에너지를 활용하는 것과 다름없지 않을까? 요즘 사람들은 목표를 달성하기 위해선 끊임없는 열정과 몰입, 그리고 즐거움이 중요하다고 생각하지만 그건 자기 좋을 대로 하는 공상이다. 진정으로 의미 있는 삶은 자기만의 가치가 고된 노동과 어우러질 때 이뤄지곤 했다. 다양한 충족의 순간은 무언가를 목표로 꾸준히 나아갈 때, 그리고 다른 사람을 위한 가치를 창출하는 동시에 자신의 이키가이에도 부합하는 방식으로 자기 능력을 활용할 때 찾아왔다. 쉬울 때도 있고 어려울 때도 있는 그 과정 중에 실제로 끊임없이 에너지가 솟아났다. 이게 바로 소피아가 기대하는 것이었다. 그녀는 일종의 퍼즐을 푸는 중이었고, 진심으로 그 일이 중요하다고 생각했다. 그녀는 자신에게 기적처럼 맡겨진 이 프로젝트의 우여곡절을 극복할 채비가 되어 있었다.

레오나르도의 여덟 번째 편지
우리의 관계

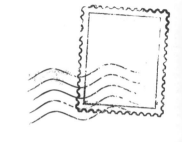

"사랑은 우리가 여기에 있는 이유다."

브레네 브라운 Brené Brown

친애하는 소피아,

오늘 아침에는 블라인드 사이로 새어 들어온 부드러운 햇살이 늦잠 자는 나를 깨웠습니다. 마치 내게 용기를 북돋아 주려는 것 같았어요. 요즘은 간호사 몇 분이 교대로 나를 돌보고 있어요. 감사할 따름이죠. 보통 나는 산드라나 모니카, 또는 에릭이 나를 휠체어에 태워서 테라스로 데려다줄 때까지 오전 나절을 침대에서 보냅니다. 편지를 쓰는 지난 몇 달 동안 나는 정신적 그리고 감정적으로 활력을 되찾았지만, 몸의 활동 반경은 침실에서 주방까지에 불과해요. 그나마 오늘은 운이 좋아 테라스까지 나와 우리의 원목 탁자에 구부정하게 앉았습니다. 내 머리는 옆에 쌓여 있는 팬케이크보다 조금 더 높이 들려 있고, 이제 나는 마지막 편지를 쓰려고 해요.

다른 모든 것은 이미 정리가 되었습니다. 내가 떠난 뒤에는 이사벨이 남은 일을 맡을 거예요. 인생은행에 투자하는 나만의 비결을 정리한 몇 년간의 노트도 당신에게 전달될 겁니다. 과연 그 작업까지 내가 해낼 수 있을지는 확실치 않아요. 내게 시간이 얼마 남지 않았다는 사실이 몸으로 느껴지는군요.

그러니까 더 이상의 군소리 없이 '인생의 5대 계좌' 중 마지막 요소에 대한 설명으로 넘어가겠습니다. 그건 바로 '관계'입니다. 전에 말했듯이 '건강'을 잃으면 다른 모든 것이 소용없습니다. 그리고 우리의 '정신'은 우리가 삶을 경험하는 방식을 결정하지요. '일'은 우리가 필요를 느끼는 곳에 능력을 사용해서 다른 사람과 세상에 기여할 가능성을 열어 주며, 우리의 '돈'은 우리 존재의 세속적 기반입니다. 하지만 사랑과 '관계'는 이 모든 것을 연결해요. 만약 우리가 다른 사람과 삶을 공유하지 못한다면 인생이 무슨 의미겠어요? 사랑과 우정, 깊은 연결의 감정 없다면 세상은 어떤 모습일까요? 관계와 사랑은 정말 아름다운 주제이지요. 하지만 막상 그 주제에 관한 편지를 쓰려니 쉽지 않군요. 이제는 내 인생의 어려웠던 시절을 이야기할 시점이 된 것 같아요.

어쩌면 당신 눈에 바바라와 나의 인생은 동화처럼 보일지도 몰라요. 순탄한 결혼 생활, 건강, 사랑, 행복, 보람찬 일, 이국적인 여행, 재정적 안정, 비록 작긴 해도 산타바바라 해변을 바라보는 멋진 집까지. 이 모든 걸 가졌으면서 무얼 더 바라냐고요? 맞아요, 우리는 그 모든 것에 한없이 감사해야 마땅합니다. 하지만 이면에는 공개하기 힘든 사연도 있답니다. 이야기는 원래 그런 거잖아요. 자기 인생을 이야기로 쓸 때 굳이 어두운 부분을 조명하지 않을 수도 있어요. 그게 범죄는 아닙니다. 우리는 누구나 선택적 이야기꾼이니까요. 이야기에서 무엇을 포함시키고 무엇을 제외할지는 고르기 나름이에요. 그렇게 현실의 이곳저곳을 자르고 붙이면서 이야기가 만들어집니다. 우리가 원하는 것은 그 이야기를 들은 사람들이 우리를 정의롭고 유능하고 사랑스럽게 여겨주는 것이지요. 인간의 본성이 그렇습니다. 그렇게 만들어진 이야기에는 오류나 허점이 있을 수밖에 없어요. 하지만 그건 큰 문제가 아니에요. 정말 큰 문제는 자신이 이야기를 꾸며내는 걸 알지 못했다는 듯이 구는 겁니다. 그러나 이야기를 멋대로 꾸며대면 보통 큰 대가를 치르게 되죠. 그것이 우리의 배움과 더 나은 관계, 그리고 성장을 방해하기 때문입니다.

그러므로 다시 바바라와 나의 이야기로 돌아가 봅시다. 언제나 환상적이었다고는 말할 수는 없는 그 진실 속으로요. 우리 둘에게는 간절히 바랐지만 끝내 가질 수 없었던 소중한 관계가 있었고, 그래서 고통과 좌절과 실망의 시간을 남모르게 보내야 했어요. 단도직입적으로 말해서, 우리에겐 자녀가 없어요. 어쩌면 또 다른 가족을 얻을 수 있었을지도 모를 몇 해 동안 우리는 우리의 꿈, 우리의 프로젝트, 우리의 일로 너무 바빴어요. 그러다 시기를 놓칠 수도 있다는 생각은 추호도 하지 않았죠. 그러나 바바라에게 예상보다 일찍 폐경이 찾아왔고, 그것은 우리가 미처 상상치 못했던 일이었습니다. 그때부터 수년에 걸쳐 현대 의학으로 할 수 있는 모든 것을 시도했지만 그 결과 바바라의 건강뿐 아니라 우리의 관계마저 망치고 말았어요. 결국 더 나이가 들어 그 무엇도 할 수 없게 되었을 때 우리는 입양을 시도했습니다. 이 이야기는 세세히 하지 않을게요. 결론만 간추리자면 이 또한 해피엔딩은 아니었습니다.

우리가 간절히 원했던 것을 갖지 못한, 혹은 잃은 슬픔은 오랜 시간 먹구름처럼 우리를 뒤덮었습니다. 몇 년을 멍하게 보냈고 바바라는 한동안 일을 쉬었어요. 몇 주 동안 잠옷만 입고 지낸 적도 있습니다. 최악의 시간이 지나가자 바바라는 견디기 힘든 일이 있을 때면 늘 그래왔듯이 다시 일에 파묻혔지요. 그러는 동안 우리는 점점 서로를 잃어갔습니다. 온종일 말을 섞지 않고 지낸 날도 있었고, 아무것도 아닌 일로 싸우기도 했어요. 혹시 당신이 우리의 관계가 너무 완벽해서 비현실적이라고 생각했다면, 이제는 우리에게도 어두운 날들이 있었다는 걸 알게 되었으리라 생각해요. 그러던 어느 날, 여느 때처럼 다투던 중 내게 번쩍 정신이 들던 순간이 기억나요. 서로에게 험상궂은 표정을 지으며 비난을 날리던 우리의 모습을 제삼자의 시선으로 관찰할 수 있었죠. 나는 우리가 어쩌다 이렇게 되었는지, 얼마나 오랫동안 이런 상태였는지 자문했습니다. 분명 변화가 필요했지만 어떻게 해야 할지는 알 수 없었죠.

몇 주 후 나는 주말여행을 위해 우리가 신혼 때 가끔 묵었던 샌 라파엘의 산장을 예약했어요. 우리는 온종일 등산했고 저녁이 되자 불을 피우고 와인 한 병을 땄습니다. 한동안 묵묵히 불꽃만 바라보던 나는, 얼마 전 직장 내 세미나에서 배운 토니 로빈스Tony Robbins라는 사람의 이론을 설명하기 시작했어요. 그녀는 심드렁하게 반응했고 심지어는 그 설명에 무슨 과학적 근거가 있는지를 되묻더군요. 나는 그녀의 질문을 무시하고 말을 계속했습니다.

"인간은 일상에서 여섯 가지 기본 욕구를 긍정적인 방식으로 충족시킬 때 만족감을 느낀다고 해." 나는 막대기로 장작 몇 개를 불 속에 집어넣으면서 말했어요.

바바라는 말이 없었지요. 하지만 나는 그녀 안에 억눌려 있던 흥미가 꿈틀거리기 시작하는 걸 느낄 수 있었습니다. 그래서 말을 계속했죠.

"그건 관계에도 해당이 돼. 만약 우리가 이 여섯 가지 기본 욕구를 서로에게 채워줄 수 있다면 평생 함께하고 싶은 사람이 될 가능성이 크지."

바바라는 돌처럼 굳은 표정으로 불을 쳐다보고 있었어요. 그래도 우리는 어딘가에서 시작해야만 했어요. 아무것도 하지 않는 것보다는 무엇이든 시작하는 게 나았으니까요.

"우리가 추구하는 최우선 욕구는 안정이야. 우리 모두 안전하고 편안한 기분을 원하니까." 나는 그녀를 지그시 바라보며 말했어요. "어떻게 생각해? 우리가 서로에게 안정감을 주고 있는 걸까?"

바바라를 오랫동안 알아 온 내 눈에는 그녀가 비록 마지못해서긴 해도 내 질문에 반응하는 게 보였어요. 그러자 마음이 놓였지요.

그래서 우리 관계는 얼마나 안정적이었을까요? 적어도 우리는 관계를 해치는 일은 하지 않았어요. 불륜을 저지른다거나 그 비슷한 일이 일어날 걱정은 없었죠. 생활도 충분히 안정적이었어요. 직업이 있고 재정은 건전했으며 집도 있었으니까요. 하지만 둘이 함께하던 루틴이 사라졌어요. 우리의 일상과 관계를 엮어주던 틀이 사라진 셈이었죠. 예전에는 아침에 함께 요가나 명상을 하고 마무리로 차를 마시는 루틴이 있었어요. 함께 저녁을 먹고 해변을 산책하고 테라스에 앉아 와인을 한잔하는 습관도 있었지요. 하지만 우리 관계에서 이런 단단함은 더 이상 존재하지 않았습니다.

바바라는 어두운 눈으로 나를 바라봤어요. 모든 것을 따뜻하게 비추는 불빛 속에서도 그녀의 목소리는 냉소적이었습니다. "지금 와서 뭘 원해? 우리가 목록이라도 짜서 뭘 같이 해 보자는 거야?"

나는 잠시 생각한 후 대답했어요. "계획을 세우기 전에 그 목적부터 편하게 이야기해 보는 게 좋지 않을까? 어떻게 생각해?"

바바라는 한숨을 쉬었죠. 그리곤 고개를 끄덕였습니다. "좋아. 그래서 다음은 뭐야?"

적어도 대화를 망친 것 같진 않았지요.

"역설적으로 들리겠지만, 이론에 따르면 우리 인간에겐 불안정을 바라는 욕구도 있어. 관계나 직업, 혹은 인생만사가 예측 가능하다면 인간은 더 이상 살아있음을 느끼지 못하니까. 그래서 변화와 모험을 갈망하지. 우린 어떤 것 같아?"

바바라는 서슴없이 답했어요. "데이터가 둘뿐인데 우리가 그렇다는 게 그 이론이 맞다는 근거가 돼?"

그리고 우리는 서로를 바라보며 빙긋 웃었습니다. 우리는 항상 그런 식의 유머로 연결되어 있었으니까요.

인간의 욕구에 관한 분석은 대화를 풀어 가기에 좋은 기회가 되었지요. 당장은 아주 깊이 들어가지 않으면서도 우리 관계에 관해 유의미한 방식으로 대화를 나눌 수 있었으니까요. 인정하긴 싫었지만, 우리가 서로를 바라보며 놀라워하고 함께 새로운 것을 발견하며 서로에게서 진정 살아있음을 느끼던 시절은 지나간 뒤였습니다. 하지만 그 시절이 계속되어야만 했던 것도 아니었죠.

"그래, 그럼 세 번째는 뭐야? 레오나르도, 빨리 말해줘."

나는 자리에서 일어나 장작 몇 개를 불 속에 집어넣고 잠시 불길이 살아나는 걸 확인하고선 말을 이었습니다.

"세 번째는 친근감과 사랑을 향한 욕구야. 아마도 관계에 관한 가장 확실한 주제일 거야." 나는 그녀를 바라보았습니다. "이 주제에서 우리는 어떤 것 같아?", 내가 조심스레 물었지요.

이 질문에 대한 대답 또한 우리에게 그리 만족스럽진 않았어요. 그리고 이렇게 서로에게서 멀어진 것을 우리가 더는 신경 쓰지 않는다는 게 더 심각한 문제로 보였지요. 솔직히 우리는 문제가 있다는 걸 눈치채지도 못할 때가 더 많았어요.

"우선 이 욕구에 관한 얘기는 건너뛰는 게 좋을 것 같아." 민감한 주제라는 걸 인식했기에 나는 이렇게 제안했지요.

"레오나르도, 이거 정말 심오한 대화네!"

바바라의 비아냥에도 나는 전혀 흔들리지 않았어요. 왜냐하면 이런 신중한 접근으로만 우리가 우리 관계에 대해 이미 알고 있는 것 이상의 것에 도달할 수 있다고 확신했기 때문이에요.

"그리고 인정에 관한 욕구도 있어. 인간은 다른 사람이 자기를 인정하고, 원하고, 유일하면서도 중요한 존재로 느끼길 바란다는, 뭐 그런 거야."

나는 내 앞에 놓인 와인 잔을 들고 빙글빙글 돌렸어요. "토니 로빈스는 이 욕구는 특히 남자들에게 중요하다고 주장했어." 나는 싱긋 웃었지요. "꼭 그렇지만은 않겠지만… 안 그래?"

그러나 바바라는 분위기를 띄우려는 내 노력은 무시한

채 사실 관계에 매달렸습니다. "최근 몇 년 동안 내가 당신의 무엇을 인정해 주었더라?"

그건 수사적 질문이었어요. 대체로 그녀는 나를 신경조차 쓰지 않았죠.

"더 나아지진 않겠지?" 그녀는 이렇게 묻고선 자기 자리에서 녹슨 꼬챙이로 불을 휘젓기 시작했어요. 불꽃이 밤하늘로 튀어 올랐습니다. "와인 몇 병이나 갖고 왔어?" 그녀가 슬퍼하는 척하며 우스꽝스럽게 물었어요. 그때부터 우리는 진심을 다해 대화했고 둘 다 깜짝 놀랄 만큼 솔직한 속내를 나누었어요. 우리는 고통을 무릅쓰고 현재 우리가 서 있는 관계를 솔직하게 고백했고, 진실을 입 밖으로 꺼내는 행위는 우리에게 오랫동안 느껴보지 못한 친근감을 가져다주었습니다.

그리고 토니가 영혼의 욕구라고 표현한 다음 두 가지 인간의 욕구를 들여다보면서 우리는 결혼 생활 내내 그 둘만큼은 최고 수준으로 유지했다는 것에 동의했어요. 우리는 배움을 사랑하고 계속해서 성장했으며, 이키가이를 발전시켜 더 큰 공동체에 기여하길 즐겼습니다. 하지만 이제는 함께가 아니라 각자 따로 하고 있다는 사실을 인정하지 않을 수 없었죠.

남은 저녁 시간 동안 우리는 말없이 불 앞에 앉아 평소

보다 많은 와인을 마시면서 그간 거의 잊고 살았던 유대감을 피부로 느꼈습니다.

✦

물론 그 주말 이후로 모든 게 달라질 리는 없었지요. 인생의 골짜기에서 벗어나는 길은 직선이 아닌 꼬불꼬불한 산길에 가까웠습니다. 가끔은 해내지 못할 것 같다는 생각을 한 적도 있었어요. 그러나 어느 일요일 아침, 나는 바바라가 잠옷 차림으로 테라스에 나와 둘이 먹을 아침 식사를 미리 준비해 놓은 것을 보았습니다. 그리고 그녀와 눈이 마주쳤을 때 나는 무언가 특별한 일이 일어났음을 느낄 수 있었지요.

"당신이 맞았어." 그녀가 말했어요. "우리에겐 감사할 수 있는 것들이 아직 많이 남았어!"

그녀의 양 볼 위로 눈물이 흘렀어요. 내가 그녀를 품에 안자 그녀는 더 크게 울기 시작했지요. 하지만 그건 해방감과 카타르시스의 눈물이었습니다. 비로소 진정을 되찾은 그녀는 내게 새로운 관점을 설명하기 시작했어요. 그녀는 모든 책에는 다양한 장이 있으며 우리 인생에도 새로운 장을 열어야 할 때가 찾아왔다고 말했지요. 나는 그녀를 잘 알았기에 그 말은 나보다 그녀 자신을 설득하기 위한 것이라

는 걸 알아차릴 수 있었어요. 그녀는 과거 비슷한 상황에서
도 유용했던 '장' 개념을 다시 활용하고 있었습니다. 나는
최대한으로 공감하는 마음을 담아 고개를 끄덕이며 그녀
에게 필요한 용기를 주려고 노력했어요. 만약 우리가 이 순
간 인생의 새로운 장이 시작됐다고 믿는다면 이 확신은 더
나은 미래로 가는 발판이 될 수도 있을 테니까요. 우리는
둘 다 그걸 바라고 있었어요.

이후 몇 주간 우리는 인생의 이 새로운 장은 어떠해야 할
지 그 전망을 자주 논의했습니다. 산 라파엘에서 나눈 대화
에서 우리가 얻은 가장 심오한 깨달음은 우리에게서 사랑
과 친밀감, 그리고 유대감이 사라졌다는 사실이었어요. 우
리 둘 사이에서만 아니라 각자의 내면에서도 자취를 감추
었지요. 그 깨달음에서 바바라는 영적 여행을 시작했습니
다. 겉으로는 수많은 명상과 요가 프로그램에 참여하고 다
양한 의식을 치르는 것처럼 보였으나, 그녀 내면에서는 보
기보다 훨씬 근본적인 변화가 일어났어요. 이상하게 들릴
수도 있겠지만, 그녀는 좀 더 지혜롭고 유연한 형태로 자신
을 바꾸어갔습니다. 반면 나는 더 실용적인 방식을 택하기
로 했고, 그래서 서핑 보드를 하나 샀어요. 나는 왕년에 이
런저런 무술을 몸에 익힌 사람이에요. 그 시절처럼 내 몸을
단련하고 싶어졌습니다. 비록 나이가 아주 젊진 않았고 서

핑도 그럭저럭 탈 줄 아는 정도에 불과했지만 그래도 물속에 있는 것과 서핑 보드 위에 있는 걸 사랑했으니 그걸로 활력을 되찾고 싶었어요. 바다 위에 떠 있을 때 나는 자연과 하나가 된다는 것과 한 생명으로 존재한다는 것의 진정한 의미를 실감할 수 있었습니다.

하지만 그게 다는 아니었어요. 우리는 산타바바라에서 우리가 맺고 있는 사회적 관계에 좀 더 신경 쓰기 시작했습니다. 바바라는 그녀답게 시작부터 밀어붙였어요. 아주 많은 바비큐 파티를 열고 현재 혹은 미래의 친구들과 이런저런 만남을 계획한 결과 우리는 탈진해 버리고 말았지요. 이후 우리는 질문을 바꿨습니다. "우리의 인생은 만남의 역사"라는 말이 맞다면, 과연 우리는 누구와 그 역사를 함께하고 싶은지를 물었지요.

그 시기에 나는 오키나와에서 만난 백세 노인의 말을 자주 곱씹곤 했어요. "의사들이나 과학자들은 장수의 비결은 채소뿐이라고 생각하지요. 하지만 길고 풍요로운 삶의 진짜 비결은 친구와 가족으로 이뤄진 공동체의 구성원이 되는 겁니다. 그게 진짜 부유함이에요." 이 말이 내 뇌리에 깊이 박혀 있었습니다. 이 짧은 만남의 기억에서 영감을 얻은 나는 이 주제를 더 깊이 연구했어요. 실제로 채권이나 주식 대신 인간관계에 시간을 투자한 사람들이 스스로를 더 부유하다고 여길까요? 당신은 믿기 어려울지 모르지만, 어쨌든 나는 그렇다고 답할 만한 실증적 증거를 발견했고 곧장 아내에게 그 사실을 알려 주려 했어요.

"바바라, 친구가 주는 행복의 가치를 금전으로 환산하면 13만 4천 달러라는 거 알아?" 그날 저녁 나는 다짜고짜 그녀에게 물었어요. "정말이야! 런던 대학의 한 행동학자가 계산한 바에 따르면 좋은 관계를 새로 맺을 때 우리가 얻는 기쁨은 임금이 13만 4천 달러 올랐을 때의 기쁨과 같대. 일반인은 한 번에 그렇게 많은 임금 상승을 경험하기 어려워. 이로써 오키나와 노인의 말이 과학적으로도 증명된 셈이지. 관계의 중요성이 정말 대단하지 않아?"

바바라가 나를 바라보는 눈빛을 보아하니 나를 인정해 줄 생각은 없어 보이더군요.

"은행가들은 정말 답이 없네!" 그녀는 눈을 굴리며 과장해서 한숨을 내쉬었죠. "설마 그걸 이해하는 데 정말 숫자가 필요했던 건 아니지, 레오나르도?"

우리는 웃었어요. 예전처럼 말이죠. 유머 감각이 비슷하다는 건 우리 삶에 큰 의미였고 우리를 언제나 하나로 묶어주는 연결고리였어요. 그 순간 나는 우리가 바른길을 가고 있다는 걸 알았죠. 그 이후로 바바라와 센딜은 관계와 건강의 과학적 연관성을 좀 더 깊이 파고들기 시작했습니다. 그들은 건강 과학 분야에서 이제 막 등장하기 시작한 최신 증거들을 발견할 수 있었지요. 깊고 긍정적인 관계는 숙면, 영양 섭취, 운동만큼이나 건강에 큰 영향을 미친다는 사실이 증명되었고, 더 나아가 사랑과 우정은 질병을 예방하고 수명을 몇 년이나 더 늘리기도 했어요.

꼿

우리가 정원에 일본식 다실을 지은 것은 슬픔을 점차 극복하는 중이라는 눈에 보이는 신호였습니다. 오래전 오키나와의 등대에서 꿈꾸었던 것처럼 방 두 개로 이뤄진 다실이었어요. 그중 한 방에는 책과 자료, 일기와 세계 여행을 다니면서 작성한 노트들을 둘 책장과 책상이 있었습니다. 아프리카 신혼여행에서부터 이스라엘과 인도, 일본, 그리고 이후에 방문한 이탈리아, 그리스, 코스타리카의 블루 존에 관한 기록이 남아있었죠. 두 번째 방은 텅 비다시피 했어요. 다다미 바닥에 금색 불상 하나만 서 있는 그 방은 명상과 영적 수행, 사색을 위한 공간이었어요. 그리고 아주 가끔이긴 했지만 바바라와 내가 다른 형태의 친밀감을 나누는 공간이 되기도 했지요.

"중국 의학에서는 성적 에너지를 치유의 한 형태로 생각한대. 거기서 비롯된 생명력, 즉 '기氣'는 호흡이나 음식만큼이나 건강을 유지하는 데 중요하다고 여겨지지. 정말 흥미롭지 않아?" 나와 나란히 다다미 바닥에 누워 그녀는 깔깔거리며 말했어요.

인생의 후반기에 바바라는 대부분의 시간을 다실에서 보냈어요. 해변을 마주한 테라스에서 둘이 함께 아침을 먹은 후에 바바라는 다실로 돌아가 의식과 의례를 치른 뒤 글을 썼고, 이들 세 가지 활동들은 하나의 맥락으로 이어진 것처럼 보였지요.

바바라는 학계에서 경력을 쌓을 마음은 하나도 없었으므로 학계에 논문을 발표한 적이 없었어요. 그녀가 마음을 쏟았던 단 한 가지는 성공적인 인생의 본질에 관한 책이었죠. 그 시절 그녀를 앞으로 나아가게 한 것은 인생의 모든 요소가 서로 연결된다는 통찰이었습니다. 그녀는 의학과 심리학, 그리고 사회 전반에 걸쳐 드러나는 '도 아니면 모'식의 접근법이 실제로 의미가 있는지를 되묻곤 했어요. 전통 의학이 아니면 대체 의학, 병인론이 아니면 살루토제네시스, 좌가 아니면 우. 이런 식의 이분법의 목록은 끝도 없이 이어지지요. 그리고 그녀는 이러한 상반된 관점을 융화하여 모두에게 유익한 방향으로 이끌 수 있을지를 점점 더 깊이 고민했어요. 사람들이 자신의 옳음을 주장하는 데 힘쓰는 대신, 진짜 호기심으로 상대에게서 배울 수 있는 무언가를 찾아낼 수 있다면 얼마나 좋을까요?

해를 거듭하면서 바바라와 센딜은 전통 의학과 대체 의학의 관계를 바라보는 자신들만의 관점을 갖게 되었습니다. 비록 인간의 이해력은 그 둘을 배타적 관계로 해석해 왔지만 실제로는 상호 간에 영감을 제공할 수 있다는 것이었죠. 전통 의학에서는 합리성과 분석, 인과관계와 같은 원칙들에 우월한 가치를 매기고, 신체를 각 부분으로 분리하여 이해하는 사고가 분석의 필수 조건입니다. 그에 따라 몸과 마음은, 혹은 신체의 여러 부분은 완전히 따로 분리되어서 하나의 시스템에 속하지 않은 것처럼 다루어지지요. 이것이 각 신체 기관마다 전문 의사가 따로 있는 까닭입니다. 그리고 많은 의사와 환자들이 아무 의심 없이 이 상황을 받아들이지요.

이와 달리 전체론적인 접근법을 지지하는 사람들은 전통 의학을 단호히 거부하는 편입니다. 반면, 바바라와 샌드힐은 현대 의학의 성과를 기꺼이 인정하는 쪽이었어요. 인류 역사의 찬란한 발전 중 몇 가지는 현대 의학 없이 이뤄질 수 없었으니까요. 그러나 그 공로를 인정한다고 해서 결점까지 무시되어야 한다는 뜻은 아닙니다. 몇백 년 동안 건강이 어떻게 형성되고 증진되며 유지될 수 있는지에 관한 질문을 배제해 온 현대 의학은 사람들이 병에 걸리는 이유에는 전혀 관심을 두지 않는 것처럼 보였어요. 세계적으로 사람들은 건강 관리를 위해 해마다 수조 달러를 지출하고 그 액수가 매해 늘어나는데도 불구하고 해가 갈수록 사람들은 더 심각한 질병에 시달리고 있지요. 전통 의학 시스템의 어딘가가 제대로 작동하지 않는다는 얘기입니다. 그런데도 여전히 의대 교육 과정에는 영양학이나 운동학 같은 생활 방식을 주제로 하는 과목들이 제대로 된 과목으로 가르쳐지지 않고 있어요.

센딜과 바바라와 나는 종종 우리의 테라스에서 저녁 식사를 하면서 이 주제에 관해 토론하곤 했어요. 과학의 어느 쪽은 그토록 가파르게 발전하면서 다른 한쪽은 그토록 더디게 개선되는 이유를 이해할 수 없다고 푸념했지요. 그걸 들은 센딜이 특유의 건조한 유머 감각으로 문제의 핵심을 짚더군요. "분명 변화는 있어. 한 명이 죽을 때마다 아주 조금씩." 사실, 의학을 통합적 관점으로 발전시키는 길에 놓인 가장 큰 방해물은 두 사고방식이 양립 불가능할 만큼 다르다는 점이 아니라 기득권 교수들과 권위자들의 '에고' 일지 모릅니다. 그들은 호기심과 열린 마음으로 다른 아이디어에 접근하기보다는 자신들이 독보적인 존재로 추앙받길 바랐어요.

친애하는 소피아, 다행히도 오늘날 의학계에서는 몸과 정신이 실제로 분리되지 않는다는 것을 중론으로 받아들이고 있습니다. 또한 점점 더 많은 선도적인 의과대학들이 작은 분과로나마 생활습관의학과를 설치하고 사회적 요소가 건강에 미치는 영향을 탐구하고 있어요. 하지만 이러한 발전으로도 여전히 수백만 명의 의사들이 오래된 생물의학적 패러다임에 따라 환자를 본다는 사실을 가릴 수는 없지요. 이것이 바바라가 이 책을 반드시 써야겠다고 결심한 이유이자 내가 최대한 그녀의 생각을 복기하여 정확하게 기록하는 일에 의무감을 느끼는 이유입니다.

소피아, 내 이야기는 완벽하지 않고 모든 점이 정확하지도 않을 거예요. 완벽함은 신화에 불과하죠. 하지만 당신에게 긴히 알려야 할 것들이 있습니다. 내게 남은 비밀을 당신과 공유해야 할 의무가 느껴지는군요. 지금부터 나는 바바라와 내가 책 프로젝트를 위해 수집한 자료를 모아둔 곳에 일어난 일을 이야기하고자 합니다. 이제 당신도 알게 되겠지만 모든 책임은 나에게 있어요.

일이 터진 건 바바라의 장례식을 치른 날 밤이었어요. 그날 하루는 내 인생에서 가장 어두웠던 날이었습니다. 물론 그 사실이 이제부터 내가 이야기할 사건에 대한 면죄부가 될 수는 없을 거예요. 다만 내가 이 실수를 범했을 때 얼마나 큰 고통에 휩싸였는지를 당신이 알아주길 바랄 뿐이에요. 장례식이 끝난 저녁, 나는 우리의 집과 정원과 다실을 이리저리 오가며 서성였어요. 초조한 마음으로 베토벤 교향곡 9번을, 그중에서도 우리 둘이 특히 즐겨 듣던 〈환희의 송가〉를 들었죠. 영원과 같은 어떤 것을 느꼈을 때 마침내 나는 다실의 다다미 바닥에 앉을 수 있었고, 아내를 더 가까이에서 느끼기 위해 음악에 빠져들었습니다. 그리고 그 밤이 거의 다 지나갈 무렵 갑자기 자리에서 일어났어요. 그리고 마치 어떤 위력에 이끌린 것처럼 차고에 가서 휘발유 통을 꺼내 왔습니다. 나는 마치 미리 그러기로 계획한 사람처럼 목표에 따라 움직였어요. 실은 전혀 그렇지 않았지만요. 한 치의 망설임도 없이 다실에 휘발유를 흩뿌린 나는 성냥에 불을 붙여 모든 것을 태워버렸습니다. 한지를 바른 벽이 불길에 휩싸이고 바바라가 숨을 거둔 침대에도 불이 붙는 걸 본 순간, 비로소 모든 것이 분명해졌습니다. 바바라는 그로부터 열흘 전 다실 입구에서 발생한 화재로 연기를 흡입하는 바람에 폐 손상으로 사망했어요. 그때 나는 로스앤젤레스에 있었죠. 바바라는 다다미 바닥에 누워 편안하게 쉬다가 유독한 안개에 휩싸여 목숨을 잃었습니다. 그러니 다실이 그렇게 끝장난 게 자업자득처럼 느껴지더군요.

물론 그때 나는 제정신이 아니었어요! 이성을 상실한 늙은 미치광이였죠! 그래서 그 현장을 당당히 지켜보았습니다. 그리고 모든 게 불타서 아무것도 건질 수 없을 때까지 차분히 기다렸다가 소방서에 전화를 걸었어요. 이른 새벽녘 소방대원들이 화재를 진압한 것을 보고선 깊은 잠에 빠졌습니다. 몇 시간을 곤히 자고 일어나서야 내가 무슨 짓을 했는지, 그게 얼마나 바보 멍청이 같은 노릇이었는지를 분명히 깨달았지요. 나는 모든 것을 불태워버렸습니다. 다실뿐 아니라 바바라의 모든 작업, 그녀가 쓴 모든 단어. 그녀가 아주 오랫동안, 아주 철저하게, 마치 고급 은식기에 광을 내듯 고치고 벼렸던 그 모든 문장을 내가 한 줌의 재로 만들어버렸지요. 나는 넋을 잃었어요. 아내를 잃은 슬픔에 감당할 수 없는 죄책감이 더해져 정신을 놓았습니다. 그리고 족히 일 년은 그 상태에서 벗어날 엄두를 내지 못했습니다.

이제 와 확신하건대, 만약 바바라가 살아있다면 이 모든 일이 일어난 데에는 분명한 이유가 있다고 말했을 거예요. 모든 결말은 신비로운 방식으로 새로운 시작을 낳습니다. 나의 멍청한 행동으로 파괴된 우리의 책 프로젝트마저도 새로운 무언가로 이어졌죠. 비록 오랫동안 그렇게 생각하지 못했으나 이제는 소피아, 당신에게 이 바통을 넘김으로써 파괴의 순환이 성장과 영감의 순환으로 바뀔 수 있기를 바랍니다. 분명 당신은 내가 당신을 어떻게 찾아냈는지 궁금할 거예요. 그 마음 충분히 이해합니다! 의문이 드는 게 당연하지요. 다만 내가 당신이 만족할 만한 대답을 줄 수 있을지는 모르겠으나, 적어도 노력은 해 보겠습니다.

소피아, 당신을 떠올릴 때면 나는 특정 장소와 시간으로 되돌아가는 기분이 들어요. 우수에 젖은 채 처음이자 마지막으로 내 어머니의 고향인 베를린을 찾았던 때가 떠오릅니다. 그때 나는 유일하게 생존해 있던 외가 쪽 친척을 방문했어요. 이미 늙고 쇠약한 어머니 대신이었죠. 그리고 그곳 베를린의 중심지에서 나는 한 젊은 여성을 알게 되었어요. 신비롭게도 그 만남은 몇십 년 후 나를 당신에게로 이끌어 주었어요. 우리는 처음 본 순간 서로에게 호감을 느꼈어요. 그녀는 내게 2차 대전의 상흔이 선명히 남아 있는 도시를 보여 주고자 했지요. 그리고 내가 베를린에서 보내는 마지막 날 함께 작은 카페에서 즐겁게 대화를 나누던 중, 그녀는 문득 타로 카드로 내 미래를 봐주겠다고 제안했어요. 나는 재미 삼아 그러라고 했지요. 카드를 섞는 그녀 모습이 꽤 멋있더군요. 우리는 많이 웃었고 그녀는 내게 장수와 행복한 결혼을 예언했어요. 나머지는 더 이상 정확히 기억나지 않아요. 끝으로 그녀는 과장된 몸짓으로 내게 오래된 회중시계를 건넸지요. 많이 낡아 더는 작동하지 않는 시계의 뒷면에는 이런 문장이 각인되어 있었습니다.

"잃어버린 시간은 결코 되찾을 수 없다."

시계는 그녀가 베를린의 한 버려진 건물에서 찾은 것이었고, 그녀는 전쟁 당시 미 군무원이 잃어버린 게 아닐까 추정하더군요. 나는 그 시계에 무슨 의미가 있는지 몰랐어요. 그런데도 그녀는 내가 그걸 맡아야 한다고 우기더군요. 내긴 생의 끄트머리에서 예기치 않은 도움을 줄 거라면서요.

내가 그 얘기를 믿었다는 뜻은 아닙니다. 하지만 귀는 솔깃하더군요. 뉴욕으로 돌아온 몇 달은 자주 그 시계를 들여다보았죠. 그런 내가 웃기면서도 가끔은 어이가 없었어요. 그래도 그 시계와 헤어지지는 않았죠. 솔직히 물건을 정리하다가 거의 버릴 뻔한 순간도 있었지만 결국 그러지는 않았어요. 바바라도 시계와 거기에 담긴 이야기를 좋아했으므로 내가 간직하길 바랐어요.

그렇게 시간이 흘러 아내가 세상을 떠난 지 정확히 일년 만에 집을 정리하던 중 나는 시계를 다시 손에 쥐었습니다. 내가 그걸 평생 간직하고 살았다는 단순한 사실이 문득 어떤 기적처럼 느껴지더군요. 그리고 얼마 지나지 않아 인터넷에서 당신의 사진을 보았을 때, 소피아, 나는 어떤 징조를 보았고 당신에게 연락을 취해야겠다고 결심했어요. 그럴만한 많은 이유 중 하나는 당신의 외모였어요. 짙은 갈색 머리카락과 빛나는 초록색 눈에 마음이 끌렸죠. 그 외에도 베를린에 거주한다는 것과 학력, 이미 출판된 책들과 인터넷에 올라온 동영상, 샌프란시스코에서 예정된 강연 일정까지, 당신의 모든 것을 통해 나는 운명이 우리를 이토록 특별한 방식의 만남으로 이끌고 있다고 확신했어요. 말도 안 되는 소리처럼 들린다는 걸 나도 알아요. 그리고 실제로 말이 안 될 가능성이 크지요. 하지만 인생에는 일어날 것 같지 않아 보여도 실제로 일어나는 일들이 많지 않나요? 예컨대 우리는 텅 빈 우주 한가운데서 저절로 돌고 있는 행성 위에 살고 있습니다. 실제로 우주는 99.99999999999999999999%가 빈 공간이에요. 과학자들은 우주가 138억 년 전에 탄생했다고 하는데, 상상조차 할 수 없을 만큼 오래전이죠. 이런 걸 감안하면 우리가 여기에 존재하며 이 모든 것을 경험할 수 있다는 자체가 기적에 가깝지 않나요? 그렇다면 아주 조금만 상상력을 발휘해서 우리 둘의 경로가 이 순간에 교차하게 된 것을 운명으로 받아들이면 안 될 이유가 있을까요?

지금 나는 여기 산타바바라에서 이 글을 쓰는 일에 내 마지막 날들을 바치고 있습니다. 내가 쓴 글은 캘리포니아 우체국에서 출발해 베를린으로, 내게 시계를 선물했던 짙은 갈색 머리카락과 빛나는 초록색 눈을 가진 소녀가 살던 곳과 그리 멀지 않은 곳으로 배달되겠지요. 만약 우리의 책이 출판된다면, 소피아, 누군가는 여기 산타바바라에서 그 책을 사서 베를린으로 가는 비행에서 읽을지도 몰라요. 가능성은 낮지만, 가능한 일이죠.

　인생은 정말 매혹적이에요. 우리는 원을 그리며 이동합니다. 계속해서 그리고 반복적으로. 단지 지리적으로 뿐 아니라 정신적, 감정적, 영적으로도 그렇습니다. 서구 사회에서 원은 경멸받을 때가 많았어요. 서양 사람들은 어떤 일이 제대로 작동하지 않을 때 "원 안에서 뱅뱅 돈다."라고 표현하죠. 누군가 일이 막히면 "뱅글뱅글 돌지 말라."라는 조언을 듣습니다. 우리는 똑바로 앉아 곧게 생각하고 행동하는, 우등생이 되길 요구받아요. 소피아, 나 또한 오랫동안 '원에 반대하는 사람' 중 하나였다는 걸 알아주세요. 일본과 아시아를 여행하고 나서야 나는 비로소 내가 어떤 면에 완전히 무지했음을 깨달았습니다. 아시아 문화에서 원은 인생의 영원함을 상징해요. 원 안을 걷고 떠도는 행위는 깨달음에 다가가는 방법으로 여겨집니다. 나 또한 이 통찰을 실제 내 삶에 적용하는 게 쉽지 않았어요. 하지만 어느 날 저녁 한 전직 은행가에게서 도움을 받았지요. 그는 인도에서 여러 해를 보낸 뒤 불자로 개종하고 산타바바라에 정착한 인물이었습니다. 내가 원 안을 도는 것이 여전히 불안하게 느껴진다고 고백하자 그는 나를 바라보며 이렇게 말했어요.

"레오나르도, 결국 우리는 그 어디로도 향하지 않아요. 원은 앞으로 나아가는 행위가 오해라는 것을 드러냅니다. 영적 관점에서 전진은 정신적 환상에 불과해요."

그가 의미한 바를 내가 잘 이해했는지는 확실치 않습니다. 그래도 나는 그 메시지를 받아들이기로 결심했죠. 그리고 이제는 시계를 떠올리며 그 말을 이해한 기분을 느껴요. 실제로 그러하든, 아니면 그저 내 착각일 뿐이든 간에 그것이 내가 좋아하는 원입니다.

소피아, 나는 수십 년을 살면서 세상이 어떻게 변하는지를 지켜보았어요. 여러 사건뿐 아니라 우리 사회와 환경이 바뀌는 것도 관찰했지요. 나는 소소한 변화를 겪었고 사람들이 시대에 따라 어떤 모습이었는지를 보았어요. 내가 나이가 들수록 더 강하게 확신하게 된 것은 관계의 본질은 우리 자신과 타인, 그리고 우주 전체를 연결하고 유지하는 것에 있다는 사실입니다. 자기 자신과 깊이 연결되어 있고 주변 사람들과 끈끈한 관계에 있는 사람은 더 행복하고, 더 충만하며, 더 건강하고, 전반적으로 더 나은 삶을 사는 것처럼 보였어요. 돈이나 명예, 외모가 아니라 사랑과 유대, 그리고 관계가 중요합니다. 사람들에게 그들의 삶에서 가장 중요한 게 무엇이냐 물으면 흔히 가족, 자녀 그리고 가까운 친구들이라고 답하지요. 그들이 그렇게 말하므로 그들이 시간을 투자하는 방식 또한 그러하리라 짐작할 수 있어요. 하지만 여기에서 건전한 상식과 우리 삶의 실제 현실이 분리됩니다. 우리의 일이 인생의 시간을 자석처럼 끌어들이는 반면, 인생의 이 분야는 마땅한 관심을 받지 못하곤 하지요. 애석하지만 인생의 은행 계좌에 투자되는 시간의 양은 사람들에게 정말 소중하고 중요한 것과 꼭 일치하지 않을 때가 많습니다.

소피아, 당신은 어떤 것 같나요?

당신에게 중요한 사람들에게 당신의 소중한 시간과 관심을 충분히 주고 있다고 느끼나요?

당신에게 정말 중요한 영역에서 부를 쌓고 있나요?

사람들은 간혹 누구나 책 한 권을 쓸 만한 이야기는 갖고 있다고 말하지요. 우리가 함께 쓴 책이 어떤 내용으로 세상에 나올지 정말 궁금합니다. 하지만 실제로 당신이 책을 쓰기 시작할 때 나는 이 세상에 없을 거예요. 바바라는 자기 자신에게 들려주는 이야기가 가장 중요한 이야기라는 말을 입버릇처럼 했어요. 그리고 자기 이야기를 쓰는 작가로서 우리는 무엇을 종이에 옮길지에 신중해야 한다고도 했지요.

나는 최선을 다했고, 그것이 충분했길 바랍니다.

자, 그럼 마음을 다해 작별을 고합니다. 부디 건강하시길!

가장 좋은 소망을 담아,

당신의 레오나르도

10장
길

"만일 당신이 부끄럼 없이 자유롭게 춤출 수 있다면,
당신은 모든 것을 이룬 것이다."

아일랜드 속담

어느 흐린 아침, 소피아는 한때 서베를린을 동베를린과
나머지 독일 영토에서 갈라놓았던 '철의 장막'의 흔적을 따
라 베를린 장벽의 마지막 구간을 걷기 시작했다. 그 길에는
수많은 희생을 낳았던 장벽과 탈출을 위해 사람들이 판 것
으로 널리 알려진 터널이 몇 개 있었다. 소피아는 찬바람에
코끝이 시렸다. 낙엽이 허공에서 소용돌이쳤다. 그녀는 알
록달록한 낙엽을 밟으며 그 길을 걸었다. 레오나르도와는
이것으로 끝이라는 기분이 들었다. 예상치 못한 그의 고백
에 그녀는 신경이 쓰였다. 레오나르도와 바바라의 인생에도

고통과 슬픔, 큰 괴로움이 있었지만, 그것을 제외한 나머지는 너무 아름다워서 사실이라고 믿기 어려울 정도였다. 물론 그 둘도 완벽하진 않았고 인간이기에 허점도 있었다. 레오나르도가 슬픔에 겨워 바바라의 다실과 그녀의 인생 역작을 자기 손으로 불살라버렸다는 대목에서 소피아는 진심으로 가슴이 아팠다. 그의 처지에 깊이 몰입한 나머지 편지를 읽으면서 두 눈에 눈물이 고였다. 그 일이 그에게 얼마나 큰 부담이었을지 상상이 되었다. 할 수만 있다면 그를 꼭 안고 이제 그녀가 남은 일을 처리할 테니 걱정하지 말라고 안심시키고 싶었다. 자기를 얼마나 믿었으면 그런 이야기까지 털어놓았을까! 그녀는 이제 그가 홀가분한 마음으로 바바라가 기다리고 있는 그곳, 저 광활한 우주 너머 어딘가로 떠날 수 있기를 간절히 바랐다.

소피아는 허리를 숙여 손에 낙엽 한 줌을 움켜쥔 다음, 충동적으로 하늘을 향해 던졌다. 레오나르도는 계획했던 바를 이루었고 그녀는 그 사실에서 행복을 느껴야 마땅했으나 동시에 슬펐다. 레오나르도를 다시 만나지 못하고, 잃어버리게 되리란 예상이 그녀를 압도했다. 아침 일찍 잠에서 깨 침대에서 뒤척이던 소피아는 너무 늦기 전에 사설탐정에게 의뢰해 레오나르도를 찾아야겠다는 생각에까지 이르렀다. 하지만 그건 터무니없는 생각이었다. 그녀는 사설탐정과 관계를 맺는 부류의 사람이 아니었고 무엇보다 그 노신사의 마지막 나날을 방해할 자격이 그녀에겐 없었다. 그와 그의 편지가 그녀의 인생에 미친 영향을 생각할 때, 그래서는 안 되는 거였다.

길을 따라 계속 걸어가던 소피아의 시선이 〈화해의 동상〉에 머물렀다. 남자와 여자가 서로를 끌어안은 동상이었다. 그 모습이 그녀의 가슴을 울렸고, 그녀는 생각할 겨를도 없이 자기 가슴에 손을 얹었다. 불과 몇 달 전 베를린 거리를 배회하면서 어떻게 자기 인생의 고삐를 다잡을 수 있을지를 자문하던 자신의 모습이 떠올랐다. 코치로서 그녀의 임무는 바로 사람들이 그럴 수 있도록 돕는 것이었다. 하지만 그녀의 고객들이 코칭 과정에서 이룬 진전은 직선이 아닐 때가 많았다. 레오나르도의 불자 친구가 암시했던 것처럼, 사람들은 자기 인생에 지속적인 변화를 정착시키기 전까지 원을 그리며 뱅뱅 돌곤 했다. 소피아 또한 자신의 전문지식과 경험을 총동원해 보아도 인생의 기복을 피할 수는 없었다.

그녀는 한숨을 쉬었다. 한동안 하강 곡선을 타고 침체에 빠져들던 그녀는 최근 몇 달 새 반전에 성공했다. 여전히 그녀 인생에는 해결해야 할 문제가 남아있었고, 아마 앞으로도 그 사실엔 변함이 없을 것이다. 문제없는 인생을 바랄 수는 없다. 그런데도 레오나르도는 그녀를 신뢰한 나머지 자기 이야기와 통찰을 솔직하게 나누어주었고, 그 사실에 깊이 감동받은 그녀는 새로운 일에 도전할 용기를 얻었다. 영국에서 그녀는 외국인 거주자들로 구성된 어떤 그룹에 속해 있었다. 지적 호기심이 많고 만사에 개방적인 세계 각국의 사람들로 이뤄진 모임이었다. 또한 그녀는 공유 오피스와 요가 학원에서 흥미로운 사람들을 많이 만났다. 물론 루벤과의 관계를 생각하면 아직도 슬펐고 그녀를 오랫동안 붙들고 있던 미련이 여전히 남아있지만, 몇 달 전만 해도 느껴지던 고통이나 혼돈은 사라졌다. 심지어 이제는 그와 함께 할 때보다 더 잘 지내고 있었다!

그녀는 레오나르도가 말한 인간의 여섯 가지 기본 욕구에 관해 생각했다. 코치로서 그녀가 관찰한 바에 따르면, 대부분 관계를 맺는 초반에는 상대의 욕구를 먼저 고려하여 충족시키려 애썼다. 그러나 일단 초기의 열기가 사라지고 안정의 욕구가 충분히 채워지고 나면, 서서히 초점이 상대를 위해 무엇을 할 수 있는가에서 나의 욕구를 충족시키기 위해 상대가 무엇을 하는가 혹은 하지 않는가로 옮겨갔다. 그리고 그런 태도는 좋은 결과를 가져오기 어려워 보였다.

바람이 잦아들고 구름 뒤에서 해가 고개를 내밀었다. 소피아는 머플러를 어깨에 단단히 두르고 단풍이 진 보리수 사이에 놓인 낡은 나무 벤치에 앉았다. 그녀는 메모장을 펼쳐서 다음 여섯 가지 질문을 받아 적었다.

- 당신이 우리의 관계에서 안정과 안전을 느끼도록 나는 무엇을 할 수 있을까?
- 당신이 우리의 관계에서 특히 활력을 얻을 때는 언제일까?
- 당신은 무엇으로 인정받고 싶을까?
- 나는 어떻게 당신에게 사랑과 애정을 표현할 수 있을까?
- 우리가 함께 배우고 성장할 방법은 무엇일까?
- 우리가 우리만의 관계를 넘어 더 위대한 무언가에 함께 기여할 수 있는 방법은 무엇일까?

만약 사람들이 서로에게 이런 종류의 질문을 할 수 있을 만큼 용기가 있고, 그 답변에 귀를 기울일 수 있을 만큼 서로에게 관심이 있다면 많은 이들이 행복한 관계를 맺을 수 있을 것이다. 그녀는 그럴 수 있다는 것에 한 치의 의심도 없었다. 그리고 이것은 연인 관계 뿐 아니라 다른 모든 관계에 적용될 수 있다는 점에서 멋진 생각이었다. 심지어 자기 자신과의 관계에서도 말이다. 자신과 좋은 관계를 맺는 것은 다른 모든 관계를 잘 맺기 위한 전제 조건이다.

물론 안정과 사랑, 인정을 외부에서 채우려 시도하는 것만큼 그런 욕구를 자기 안에서 채우려는 노력도 중요하다. 최근 몇 달간 소피아도 그러려고 애를 썼다. 그리고 그녀가 자기 건강과 정서적 안녕을 돌보기 시작한 이후로 그건 그리 어렵지 않게 되었다. 이제 그녀는 일 뿐 아니라 인생의 다른 영역에도 골고루 신경을 쓸 수 있도록 일상의 체계를 조정했다. 모닝 루틴과 호흡 훈련, 산책, 모임, 건강한 식습관 등을 통해 외부의 상황에 휘둘리지 않는 안정감을 느낄 수 있게 되었다. 비록 군것질의 유혹이 밀려들면 무너질 때도 있었지만, 그래도 이전보다는 많이 나아졌다. 전반적으로 그녀는 더 세심하고 사랑스럽게 자신을 대했다. 그녀는 자신을 많이 좋아하고 있었지만, 그 사실을 깨닫는 게 더욱 중요했다!

그녀는 메모장을 덮고 지난 몇 달 동안 종종 그랬듯이 손가락으로 부드러운 가죽 커버를 쓰다듬으며 이렇게나 아름다운 메모장을 산 자신을 칭찬했다. 소피아는 메모장을 가방에 넣고 자리에서 일어섰다. 한기가 느껴지니 갈 시간이 되었단 생각이 들었다. 날은 점점 추워지는데 자연의 색은 점점 따뜻해지는 게 흥미롭게 느껴졌다.

30분 더 보도를 따라 걷자 그녀가 그날 여정의 마지막 포인트로 정한 표지판에 다다랐다. 그녀는 석 달에 걸쳐 베를린 장벽 길 160km를 완주했다. 긴 구간은 모두 자전거로 다녔고, 몇몇 짧은 구간은 걸어서 누볐다. 자전거와 도보 경로의 대부분은 구 동독 국경 수비대의 순찰 범위였던 '콜론넨베크'에 속해 있었다. 장벽의 흔적이나 자취가 보존된 구간을 지나면 아름다운 경치가 펼쳐지고, 그런 다음에는 다시 역사적으로 흥미로운 구간이 나타나길 반복했다. 그러다 문득 숲으로 접어들어 풀을 뜯는 말들과 피크닉 중인 사람들을 지나치게 되곤 하는데, 그때마다 소피아는 놀라움을 금치 못했다. 이곳에서는 과거와 현재, 그리고 미래가 신비로운 방식으로 뒤섞여 흐르는 것 같았다. 소피아에겐 상징적인 의미가 있는 길이었다. 지난 몇 달 동안 이 길을 걸을 때마다 그녀는 조금씩 더 자신을 찾아낼 수 있었다. 그리고 이제는 앞을 바라볼 채비가 되었다는 게 느껴졌다. 아마 베를린 장벽은 그곳을 순례하는 사람들에게 과거와 화해하고, 미래를 환영하며, 현재에 도달할 수 있도록 이끄는 '원'일지도 몰랐다.

레오나르도는 이곳에 대해 뭐라고 할까? 소피아는 웃었다. 어느새 그 노신사와 상상 속 대화를 나누는 것이 그녀에겐 완전한 일상이 되어버렸다. 그녀는 문득 그와 바바라가 가치 있고 성공적인 인생의 비결을 찾아 평생 노력한 결과 얻은 모든 깨달음이, 지난 몇 달간에 걸쳐 서서히 자신에게 체화되었음을 느꼈다. 레오나르도로부터 편지를 받아 간직하는 것은 그녀만의 비밀이었고, 그녀는 그 독특한 방식에 감동을 받고 활력과 힘을 얻었다. 하지만 그게 다는 아니었다. 그녀는 그녀의 비밀을 소중히 간직하고 보살폈다. 그 시간은 그녀 안에서 계속될 것이고, 그것만으로 끝나지는 않을 것이다.

그녀는 장벽이 무너지던 날 밤의 장면을 보여주는 표지판 사진을 자세히 보기 위해 한 걸음 더 앞으로 다가갔다. 장벽 길을 따라 걸으며 표지판에서 보았던 불행한 사람들과는 달리, 이 사진 속 얼굴들에는 환호와 승리감이 가득했다. 그들은 춤을 추고 벽을 망치로 때려 부수고 뛰어넘으며, 장벽의 붕괴를 직접 경험한 행복한 사람들이었다. 그들의 눈은 미래를 낙관하고 있었다.

소피아는 쌀쌀한 가을 공기를 깊이 들이마시며 주변을 둘러보았다. 과거 엄혹했던 국경 지대가 이제는 통일의 기쁨에 대미를 장식하는 아름다운 장소가 되었다. 하지만 이것 또한 관점의 문제였다. 사람에 따라, 혹은 종에 따라 이에 대한 의견이 달라질지도 모른다. 소피아는 아침에 읽은 토끼들의 운명에 관한 이야기를 떠올리며 동정심에 고개를 저었다. 분단 시절, 감시탑과 탐조등, 기관총으로 둘러싸인 죽음의 지대 한가운데에서는 신비롭게도 큰 무리의 토끼가 평화로운 삶을 살았고, 가늠할 수 없을 정도로 빠르게 그 수를 늘려 갔다. 하지만 통일 이후 토끼들의 낙원은 사라졌다. 토끼 서식지는 아수라장이 되었고, 소수의 개체만이 살아남아 도시의 다른 장소로 뿔뿔이 흩어졌다.

소피아는 어깨를 으쓱했다. 모든 지혜가 모순으로 끝난다는 점에 대해서는 논쟁의 여지가 없었다.

늦은 오후, 소피아가 새로 이사한 프란츠라우어베르크의 리모델링된 건물 제일 꼭대기 층에 도착했을 때, 그녀는 레오나르도의 이름이 서명된 소포 하나가 발 매트에 놓인 것을 발견했다. 그녀는 그 자리에 우두커니 서 있었다. 이토록 금방 소식이 오리라곤 예상치 못했다. 속에서 불길한 예감이 차오르는 걸 느끼며 문을 열고 잘 정돈된 집 안으로 들어갔다. 주방 서랍에서 작은 칼을 꺼내 와 소포를 조심스레 뜯었다. 그 내용물에 소피아의 시선이 고정됐고, 그녀의 이마에 주름이 잡혔다.

그 일이 일어났다. 정말로 일어났다! 레오나르도가 남긴 마지막 흔적이 그녀에게 도착한 것이다. 소피아는 깊은 한

숨을 쉬며 천장을 올려다보았다. '모든 것에는 끝이 있다.'
라는 생각이 그녀의 머릿속을 지나갔다. '영원한 건 없지.'
그녀는 귀중한 보물처럼 소포를 바라보다가 그 안에 든 다
섯 가지 물건을 천천히 주방 탁자 위에 올려놓았다. 그리고
충동적으로 휴대전화를 들어 그 비범한 조합을 사진으로
남긴 다음, 레오나르도의 마지막 노트가 담긴 작은 봉투를
열었다.

레오나르도의 마지막 편지
마지막 노트

"우리에게는 두 번의 삶이 있다. 두 번째 삶은
삶이 오직 한 번뿐이라는 걸 깨달을 때 시작된다."
공자 孔子

사랑하는 소피아,

내가 당신에게 전하고 싶었으나 미처 다 정리하지 못한
것들을 남깁니다. 어쩌면 당신이 나를 위해 정리해 줄 수
있을지도 모르겠군요. 혹, 그럴 수 없다고 해도 너무 신경
쓰지 말아요. 일어날 일은 결국 일어난다는 삶의 중요한 지
혜를 당신도 분명 알고 있으리라 믿습니다.

진심을 담아,

뼛속까지 은행가였던 레오나르도가

내겐 자꾸 떠오르는 꿈이 하나 있다. 그 꿈에서 나는 세계 각국의 리더들과 명사들 앞에서 강연하는 나이 많은 교수다. 그들은 모두 인생은행에 관해 배우러 온 학생들이다. 고급 교육을 받고, 사회적으로도 성공한 이들은 내가 하는 말을 토씨 하나 놓치지 않겠다는 태세다. 그들 앞에 선 나는 한명 한명과 눈을 맞춘 다음 어떤 실험을 할 예정이란 말을 꺼낸다. 그리고 단상 아래에서 돌멩이와 커다란 유리병이 든 가방을 꺼내어 탁자 위에 놓는다. 돌멩이는 테니스공만 한 크기다. 나는 학생들에게 한 명씩 나와서 돌멩이를 유리병에 하나씩 넣어 달라고 말한다. 더 이상 넣을 돌이 남지 않자 나는 고개를 들어 그들을 바라보며 묻는다. "어떻게 생각하나요? 이제 병이 다 찬 것 같나요?"

몇 초간 침묵이 흐른다. 몇 명이 고개를 끄덕인다. 내가 기대한 반응이다. 나는 관중석에 흐르는 공기가 좀 더 팽팽해질 때까지 잠시 기다린 다음, 다시 묻는다. "진짜 그럴까요?"

청중은 말이 없다. 현명한 노교수 특유의 진중함으로 나는 탁자 아래에서 다른 물건을 하나 더 꺼낸다. 이번에는 자갈이 든 주머니다. 나는 그것을 유리병에 털어 넣고선 큰 돌들 사이 공간이 자갈로 채워질 때까지 병을 조심스레 흔든다. 그리고 다시 고개를 들어 청중에게로 시선을 돌린다. "어떻게 생각하나요? 이제 병이 다 찼을까요?" 서서히 청중들은 내가 의도한 바를 이해하기 시작한다.

"그렇지 않아요." 첫 번째 줄에 앉은 여성이 대답한다.

나는 단상 아래에서 모래가 든 작은 양동이를 꺼내어 실험을 계속 진행한다. 조심스레 병을 흔들고 이리저리 움직여서 빈 공간에 채워 넣는다. 그리고 다시 묻는다. "지금은요? 이제 병이 다 찼을까요?"

사람들은 즉각 고개를 흔든다.

"맞아요." 대답과 동시에 나는 청중들의 기대에 부응하기 위해 커다란 레모네이드 병을 탁자 위에 올리고선 유리병에 조심스레 그 내용물을 붓는다. 병이 완전히 가득 찰 때까지. 그리고 차분한 말투로 다시 묻는다.

"우리가 이 실험에서 배울 수 있는 인생의 교훈은 무엇일까요?"

청중들이 웅성댄다.

"달력에 일정을 채워 넣는 일에는 한계가 없다는 거 아닐까요? 아무리 여유가 없어도 뭔가를 욱여넣을 여지는 항상 있죠."

한 청중이 말을 마치고 웃는다.

"오, 친구여. 정말 슬픈 해석이로군요." 나는 웃으며 내 앞에 앉은 그 바쁜 사람들을 천천히 둘러본다. 잠시 기다린 후, 나는 내가 전달하려는 메시지에 무게를 실으려 목소리를 낮추어 말을 잇는다.

"당신이 어떤 인생을 좋은 인생이라고 생각하든 간에, 가장 먼저 해야 할 일은 자기 삶의 중요한 것을 위해 공간을 마련하는 것입니다. 만약 우리가 중요하지 않은 것에 우선순위를 둔다면, 우리의 인생은 자갈과 모래, 그리고 싸구려 레모네이드와 같은 하찮은 것들로 가득 차게 될 거예요. 내가 하는 말을 여러분들은 이해하리라 생각합니다. 그러므로 자기 자신에게 물어보세요. '내 인생에서 큰 돌은 뭐지? 정말 중요한 게 뭐지?' 그리고 그런 것을 찾아낸다면, 가장 먼저 여러분 인생에 담도록 하세요."

나는 청중이 수긍하느라 중얼대는 소리를 듣는다. 그리고 잠시 기다렸다가 마치 다정한 왕처럼 마지막으로 한 번 손을 흔들어 작별을 고하고선 천천히 강연장을 떠나 청중과 멀어진다. 보통은 여기서 꿈이 끝난다.

어떤 사람들은 꿈이 우리 영혼의 야망을 관찰할 수 있는 현미경이라고 믿는다. 그 말은 옳다. 근 한 세기를 이 땅에 살아온 은행가로서, 나는 내 생애 마지막 날들에도 여전히 우리가 인생에서 하는 가장 중요한 투자는 돈과 거의 무관하다는 신념을 유지하고 있다. 우리가 인생에서 활용할 수 있는 중요한 통화는 우리의 시간과 관심, 마음이다. 어떤 사람들은 이렇게 반박할지도 모른다. "맞아요, 하지만 돈이 많으면 더 많은 시간을 낼 수 있잖아요." 하지만 나는 굴하지 않고 그것 역시 우리의 시간과 소중한 관심을 어떻게 투자하느냐에 달렸다고 반박할 것이다. 고작 10달러라도 누군가 돈을 그냥 버린다면 우리는 그것을 어리석다고 여긴다. 하지만 누군가 시간이라는 다시는 되찾을 수 없는 자원을 낭비할 때, 우리는 그것을 일상으로 여기고 별로 신경 쓰지 않는다. 근본적으로 우리에겐 시간이 부족하지 않다. 단지 너무 많은 시간을 낭비하고 있을 뿐이다!

인생은행의 비밀 은행장으로서 나의 마지막 임무는 당신에게 다섯 가지 투자 원칙을 알려 주는 것이다. 이는 금융 컨설턴트인 내가 이미 성공을 거둔 방법이자, 시간을 관리하는 일에서 다른 것보다 중요하다고 생각되는 원칙이다. 이 원칙이 당신에게도 가치가 있을지를 직접 확인해 보길.

1. 당신의 인생에서 중요한 주제를 확인하라

똑똑한 투자가라면 기본적으로 어떤 종류의 자산에 투자해야 높은 수익률을 얻을 수 있을지를 질문한다. 인생은 행에서도 마찬가지다. 수천 년 전에 좋은 삶이란 무엇인가에 관한 아이디어를 내놓은 고대 철학자들을 연구하고, 또 현대의 전문가들과 과학자들이 같은 주제에 관해 말하는 것을 살펴보면, 본질적으로 그들의 주장은 항상 같은 것에 초점을 맞추고 있음을 알 수 있다. 우리는 삶에서 우리를 실어 나르는 몸을 잘 돌봐야만 한다는 것이다. 또한 우리는 우리의 정신, 영혼, 마음에 충분한 영양분을 공급해야 한다. 정신은 우리가 경험한 모든 것을 거르는 필터로 작용하기 때문이다. 마찬가지로 우리는 관계를 잘 보살펴야 한다. 우리 인생을 의미 있게 만들고 모든 것을 하나로 묶어주는 것이 바로 관계이기 때문이다. 우리가 활력과 자신감, 그리고 효능감을 느끼려면 의미 있는 활동에 참여하고 다른 사람을 위해 가치를 창출할 수 있는 능력을 개발해야 한다. 그리고 당연히 인생의 물질적인 측면 또한 적극적으로 관리해야 한다.

이것들이야말로 우리가 충분한 시간과 관심을 들여야 할

중요한 주제들이다. 당연히 그 각각의 요소는 서로 배타적이지 않고 분리될 수도 없다. 오히려 그 반대다! 진짜 인생에는 이 모든 것이 한 데 녹아있다. 이는 당신이 인생은행에서 당신만의 포트폴리오를 만들 수도 있다는 것을 뜻한다. 당신에게는 '인생의 5대 계좌' 외에 별도의 계좌를 개설해야 할 만큼 중요한 것이 있을지도 모른다. 따라서 '빅6' 혹은 '인생을 천국으로 만드는 7대 계좌'를 갖게 될지도 모른다. 구체적인 세부 사항을 정하는 것은 각자의 몫이다. 중요한 것은 자기 인생에서 진정으로 중요한 것이 무엇인지를 분명히 아는 것이다.

2. 당신의 포트폴리오를 관리하라

자신의 포트폴리오를 관리하지 않는 사람은 시간이 흐르며 투자의 방향이 처음에 목표했던 바와 완전히 다르게 진행될 위험을 감수해야 한다. 새해가 되면 우리는 건강과 관계를 돌보는 일에 더 많은 시간과 사랑, 그리고 관심을 투자하리라 다짐한다. 하지만 시간 배분이 이뤄지는 동안에 중요한 것들이 차츰 밀려나게 된다. 그러므로 인생은행에서 자신의 포트폴리오를 정기적으로 점검할 필요가 있다. 이는 주기적으로 인생의 다양한 영역을 살피면서 자신이 설정한 우선순위에 맞게 관심을 쏟고 있는지를 확인해야 한다는 뜻이다. 종종 우리 인생에서는 특정 분야가 지나치게 부각되고는 한다. 특히 일이 그렇다. 이렇게 되면 일시적으로는 효과를 볼지 모르나, 장기적으로는 최상의 결과에 이르지 못한다. 그러므로 다음을 곰곰이 되짚어 보라. 당신의 인생에서 소중한 시간과 관심을 더 받아 마땅한 핵심 분야는 무엇인가? 현재 발생한 불균형을 바로잡으려면 당신의 시간, 에너지, 그리고 당신 자신을 어떻게 분배해야 하는가?

3. 지혜로운 투자를 선택하라

인생은행의 훌륭한 투자가로서 나는 시간 투자의 종류를 다음 네 가지로 구분했다.

- 시간 낭비: 딱히 지금 여기를 즐기지도 않으면서 미래에도 나쁜 결과를 가져오는 활동들을 뜻한다. 어쩌면 당신은 이렇게 되물을지도 모른다. "그런 활동을 내가 대체 왜 하겠어요?" 좋은 질문이다. 하지만 다시 생각해 보라. 우리가 실제로 잘 알고 있을 법한 것 세 가지

만 예로 들어보겠다. 하면 할수록 기분이 나빠지는데도 SNS에 너무 많은 시간을 허비할 때, 제대로 된 맛을 느낄 수 없으면서도 패스트푸드를 먹을 때, 유익하지 않은 관계를 너무 오래 붙들고 있을 때. 당신에게는 전혀 없는 일이라고 말할 수 있는가?

- 아이스크림 활동: 지금 여기를 즐기고는 있지만 장기적인 관점에서는 부정적인 결과를 낳을 수 있는 활동을 뜻한다. 예를 들자면, 술, 단것, 파티, 게으름, 넷플릭스. 이런 활동은 적절하게 가미하면 인생이 안락해질 수도 있지만, 대부분은 부정적인 결과로 인해 그 값을 치러야 한다. 당신의 아이스크림 활동은 무엇인가? 그리고 그것을 적절한 양만 허용하고 있다고 얼마만큼이나 확신하는가?

- 의지력 활동: 지금 당장은 절제와 의지력을 요구받지만 장기적으로는 높은 수익률을 보장받는 활동이다. 아침마다 윗몸일으키기 백 회를 하고, 건강한 음식을 먹고, 저녁에 전자기기 화면을 끄는 것이 모두 의지력 활동에 해당한다. 이런 활동에 시간과 올바른 태도가 더해지면 다음으로 설명할 '5성급 활동'으로 발전할 수도 있다. 만약 당신의 인생이 의지력 활동으로 가득 차 있다면 당신은 인생에서 낭비되는 시간을 줄이고

수익을 극대화하는 올바른 길을 가고 있는 것이다.

- 5성급 활동: 지금 여기를 즐기면서도 미래에 자신은 물론 다른 사람들에게도 긍정적인 결과를 불러올 수 있는 모든 활동을 뜻한다. 만약 우리가 건강한 식습관과 운동, 휴식, 충분한 수면, 명상과 마음챙김, 이키가이의 개발, 의미 있는 일, 관계의 세심한 관리 등을 모두 AAA 등급의 5성급 활동으로 전환할 수 있다면, 우리는 현재를 살면서도 미래를 위한 가치를 인생은행에 쌓게 될 것이다. 이에 질문하겠다. 당신이 매일 실천하는 활동 중에서 현재를 즐기면서도 인생은행 계좌에 긍정적인 영향을 미치는 것은 무엇인가?

4. 당신의 투자를 자동화하라

금융계에서는 투자의 효율성을 높이기 위해 고객들에게 과정을 자동화하라고 권한다. 인생은행도 그러하길 강력히 추천한다. 당신의 인생 포트폴리오가 어떻게 되어 있는지와 상관없이, 당신이 인생은행의 중요 계좌에 정기적으로 입금하는 데 도움을 줄 똑똑한 습관 몇 가지를 기를 필요가 있다. 습관은 시간에 따라 강화된다. 아주 사소한 것이라 해도 마찬가지다. 이는 자기 자산의 가치를 깎아내리는 나쁜 행동에도, 성공적인 삶의 구축에 도움이 되는 좋은 행동에도 똑같이 적용된다.

만약 당신이 '인생의 5대 계좌'를 당신 인생의 중요 계좌로 선택한다면, 다음의 질문들이 계좌를 적절하게 관리하고 자산을 늘리는 일에 도움을 줄 것이다.

- 건강: 신체를 건강하게 유지하기 위해 당신의 시간을 어떻게 투자하고 싶은가? 어떤 습관을 들여야 이 계좌에 입금하는 데 도움이 될까?
- 정신: 매일 긍정적인 감정과 사고의 패턴을 강화하기 위해 당신의 시간을 어떻게 투자하고 싶은가? 마음의 평안을 더 누리기 위해 어떤 습관을 들이고 싶은가?
- 관계: 삶에서 긍정적인 관계를 맺기 위해 당신의 시간을 어떻게 투자하고 싶은가? 당신에게 소중한 사람들에게 적절한 관심을 베풀기 위해 어떤 루틴을 확립하고 싶은가?
- 일: 당신의 이키가이를 충족시키고 당신에게 의미와 활력을 주는 일을 할 시간을 확보하기 위해 어떤 습관을 들일 수 있을까?
- 재정: 일 년에 몇 번 당신의 포트폴리오를 점검하고

싶은가? 이 계좌에 자동으로 입금이 이루어지도록 하려면 어떻게 해야 할까?

5. 자신을 믿고 멀리 내다보라

만약 당신이 내가 은행가로서 평생 그래왔던 것처럼 '매수 후 보유 전략'을 따르고, 인생에서 단기적 수익보다는 장기적 이익을 선호한다면, 당신도 꽃길만 걸을 수는 없는 현실을 각오해야 한다. 상승장이 있으면 하락장도 있는 법, 가장 큰 과제는 과거에서 배우고 현재를 받아들이며 미래를 준비하는 것이다. 과도한 고민, 염려와 반성은 득이 되지 않는다. 올바른 계좌에 차분하고 꾸준하게 투자하라. 비록 좌절이 있을지라도 흔들리지 않고 꾸준히 해 나가면, 어느덧 인생은행에서 당신의 자산은 성장하고 증가할 것이다. 세상에 완벽한 건 없다. 인생에는 희로애락이 있기 마련이다. 하지만 당신이 건강과 사랑과 의미를 추구하고, 더 큰 가치에 공헌하기로 결심한다면, 당신의 투자는 헛되지 않을 것이다.

이 글을 읽는 모든 이들에게, 주어진 시간으로 무엇을 할지 매일 새롭게 결정하는 당신에게 행운과 성공, 그리고 확신이 함께하길 바란다.

11장
런던에 내린 눈

"그리고 모든 시작에는 마법이 깃들어 있다."

헤르만 헤세 Hermann Hesse

소피아는 런던 한가운데 우뚝 선 대관람차, '런던 아이'가 저 멀리서 천천히 돌아가는 모습을 지켜보았다. 12월 중순의 어느 추운 날이었다. 밤새 날씨가 돌변하여 강한 바람이 차가운 공기와 눈을 몰고 오더니, 도시 전체를 설탕 가루로 뒤덮었다. 이제 오후 세 시를 막 지났을 뿐인데 벌써 템스강 위로 겨울 저녁의 어스름이 깔렸고 사위가 어둑어둑해졌다. 소피아는 몇 주 전에 레오나르도가 보낸 비행기 티켓으로 아침 일찍 런던에 도착했다. 그의 소포에는 주소와 시각이 적힌 카드도 들어 있었다. 그곳에서 그녀가 만나야 할 사람의 이름도 적혀 있었다. 에드워드. 그리고 지금 그녀는 런던에서 가장 명망 있는 출판사의 로열 블루 카펫이 깔린, 약간은 구식으로 보이는 회의실에 서서 경외심이 담긴 눈으로 통창 밖을 바라보고 있었다.

다행히도 눈은 비행기가 착륙한 후에 내리기 시작했다. 소피아는 런던에 살던 시절을 떠올렸다. "이 섬은 눈이 몇 송이만 내려도 작동을 멈춘다."라는 영국인들의 농담을 얼마나 자주 들었던가. 예상대로 그녀는 도착하자마자 그날 저녁 베를린으로 돌아가는 비행기가 결항되었다는 통보를 받았다.

하지만 소피아는 속상하지 않았다. 그녀는 시내 중심가에 있는 훌륭한 호텔을 예약할 것이고, 런던의 눈 내리는 거리에서 산책을 즐길 것이다. 크리스마스를 앞두고 아름답게 장식된 런던은 그림 같은 분위기로 그녀를 유혹하고 있었다. 친구에게 연락할까 잠시 고민하기도 했으나, 이 특별한 기회는 혼자서 즐기는 편이 나을 것 같았다. 더군다나 그녀는 아직 자신의 비밀을 다른 사람과 공유할 준비가 되지 않았다. 때가 다가오고 있음을 느끼면서도 아직은 혼자만의 비밀로 간직하고 싶었다.

이 도시가 얼마나 그리웠던지! 그녀는 마치 집에 돌아온 것 같은 기분이 들었다.

소피아는 템스강과 그 위를 지나가는 보트들을 보았다. 옛날 옛적 크리스마스 동화가 떠오르는 풍경이었다. 몇 달 전 샌프란시스코에서 레오나르도를 만난 이후 일어난 모든 일이 주마등처럼 지나갔다. 레오나르도의 편지를 읽으며 그녀는 계획에 없었던 곳들을 여행했다. 베를린 곳곳을 누비며 그녀는 자기 자신에 대해 더 많은 것을 알게 되었다. 그여정에는 '인생의 5대 계좌'가 도움이 되었고, 더불어 그녀는 인생은행에서 '자유 시간'이란 계좌를 개설했다. 마치 일할 때는 자유가 없다는 소리처럼 들려서 어쩐지 시대에 뒤떨어진 말처럼 느껴졌지만, 일단은 그렇게 부르기로 했다. 소피아가 싱긋 웃자 오른쪽 뺨에 보조개가 잡혔다. 그녀는 지난 몇 년간 마흔이 넘지 않은 사람이 취미에 대해 이야기하는 걸 들은 적이 없었다. 특히 베를린 중심가에서는 더더욱 그랬다. 하지만 그녀는 자기 인생에서 여가를 부활시켜야 마땅하다고 생각했다. 이제 그녀는 의도적으로 업무 외 활동에 더 많은 시간을 배정하고 있다. 그녀는 자기 일을 너무 사랑했으므로 이따금 일과 거리를 두는 것이 이로웠다. 그래서 그녀는 정크 푸드나 무분별한 미디어 시청 등에서 멀리 떨어져, 새롭고 건강하고 의미 있는 방식으로 게으름을 즐기고 있었다. 어떤 일요일에는 그저 침대에 앉아서 그림을 그리거나, 오래전부터 읽고 싶었던 책을 읽으며 시간을 보냈다. 다른 날에는 공원을 오래 산책하며 자신과 데이트를 즐겼다. 그녀는 정기적으로 도시의 이곳저곳을 누비며 미술관과 박물관, 카페를 찾아다녔고, 베를린에서 새로 사귄 사람들을 만났다. 영국과 스페인에서 친구들이 한 차례씩 방문하기도 했다. 그녀에겐 아직도 경험하고 싶은 모험이 많이 있었다. 구식 취미를 하나 가져 볼까 장난스럽게 고민한 적도 있었다. 아버지의 전동 기차나 생전에 만난 적이 없는 할아버지의 우표 수집이 떠올랐다. 그녀의 얼굴 위로 미소가 스쳤다. 어쩌면 당분간은 다른 취미가 필요치 않을 것 같았다. 새롭게 얻은 '자유 시간'에 조금 한가로운 틈을 두는 것도 괜찮았다.

한 가지 확실한 것은, 레오나르도의 편지가 그녀의 삶과 생각과 감정과 결정에 여러모로 영향을 미쳤다는 사실이다. 그리고 그녀는 자신이 출판하려는 책의 독자들에게도 같은 일이 일어나길 바랐다.

시끄러운 교회 종소리에 그녀는 생각을 멈췄다. 웨스트민스터 사원의 유명한 시계탑, 빅벤이 한 시를 알리는 소리였을까? 소피아는 휴대전화를 쳐다보고선 곧 에드워드가 들어오리라고 예상했다. 그때, 또 다른 생각이 머릿속을 스쳤다. 그녀는 카드에 적힌 날짜를 다시 확인했다. 그리고 휴대전화에서 달력을 열어 재빨리 일정을 살폈다. 레오나르도를 샌프란시스코 공항에서 만난 게 정확히 10개월 전 오늘이었다. 그녀는 웃었다. 그 예기치 못한 사건이 자신에게 일어난 것에 깊은 감사를 느꼈다.

"안녕하세요, 소피아."

갑작스러운 등장에 소피아는 약간 움찔했다. 그리고 몸을 돌려 자기에게 다가오는 연한 갈색 정장 차림의 남자를 바라보았다.

"죄송합니다. 놀라게 하려던 건 아니었어요. 저는 에드워드입니다." 그의 말투는 당당했다. 소피아의 눈에는 그의 짙은 갈색 눈과 긴 속눈썹, 그리고 뚜렷한 이목구비가 들어왔다.

"괜찮아요. 안녕하세요, 에드워드." 그녀는 친절하게 말하며 그에게 다가갔다.

"뵙게 되어 기쁘군요."

자연스럽게 그들은 기상 이변을 주제로 대화를 시작했다. 크리스마스도 오지 않았는데 런던에 눈이라니! 그건 정말 특별한 일이었다. 하지만 그들의 잡담은 잠시였다. 그들은 곧 커다란 회의용 책상 앞에 앉아 레오나르도와 책 프로젝트에 관한 대화로 넘어갔다.

레오나르도는 마지막 소포가 소피아의 현관에 도착했을

즈음에 숨을 거두었다. 그녀도 짐작한 바였다. 레오나르도 는 에드워드의 할아버지와 어릴 적부터 절친한 사이였다. 친구의 집안이 출판을 가업으로 잇고 있다는 사실을 알았 던 레오나르도는 친구의 아들, 즉 에드워드의 부친에게 연 락을 했다고 한다. 에드워드도 소피아와 마찬가지로 이 프 로젝트에 엄청난 매력을 느끼는 것처럼 보였다. 그걸 알게 되어 소피아는 무척 기뻤다. 지금까지 레오나르도의 편지를 받아오긴 했으나, 샌프란시스코 공항에서의 짧은 만남을 제외하면 일방적인 소통이었다. 그래서 그와 그의 프로젝트 에 관해 실제로 다른 사람과 이야기할 수 있는 이 순간이 너무 비현실적으로 느껴졌다.

잠시 후 에드워드가 노트북을 열었다. "이거 한 번 보시 겠어요? 너무 이르긴 하지만, 어떻게 생각하세요? 제일 먼 저 떠오른 표지 디자인이에요."

모든 것이 아주 전문적으로 보였다.

에드워드가 웃으며 말했다. "마음에 드세요?"

소피아는 말을 아꼈다. 그리고 홀린 사람처럼 화면만 응 시했다. "네… 정말… 정말 마음에 들어요."

그녀는 잠시 말을 멈추었고, 에드워드는 그녀가 다시 입 을 뗄 때까지 잠자코 기다렸다.

"그런데 제목은 잘 모르겠어요. 《소피아와 함께한 삶》이

라니, 좀 주제넘은 것 같아요. 이 책은 저에 관한 이야기가
아니잖아요?"

지난 10개월간 소피아는 레오나르도의 글을 다듬는 데
많은 시간을 투자했다. 우선 모든 것을 컴퓨터에 입력했다.
부분적으로 텍스트를 재구성하거나 편집하여 가독성을 높
였다. 그러나 기본적으로 편지의 내용은 그대로였다. 거기
에 자신만의 생각과 경험을 담은 메모를 따로 정리했다. 전
체적인 이야기의 틀과 관련해서는 자신의 시각으로 책을
시작하면 어떨까 구상하기도 했었다. 어쩌면 신분을 드러내
지 않기 위해 가명을 선택할 수도 있었다. 가명이든 실명이
든 어쨌거나 자신의 인생 이야기를 구체적으로 할 생각은
없었다. 이것은 레오나르도와 바바라의 책이었고, 그 점에
는 변화가 없을 것이었다.

에드워드가 생각에 잠긴 그녀를 깨웠다. "저는 이 제목이
적당하다고 생각해요. 미묘한 뉘앙스가 느껴지거든요." 그
는 그녀의 이름이 그리스어로 '철학'을 뜻한다는 이야기를
덧붙였다. "철학의 세계에서 소피아는 지혜를 의인화한 존
재로 여겨질 때가 많아요. 말인즉, 이 제목이 꼭 당신 개인
에 관한 것을 뜻하진 않는다는 거죠."

소피아가 고개를 끄덕였다. "맞아요. 그런 의미로 해석될
수도 있다는 걸 잘 압니다. 모든 게 아주 전문적으로 보이

는 것도 마음에 들어요. 하지만 솔직히 말하자면 아직도 잘 모르겠어요."

잠시 침묵하던 소피아가 마침내 한 가지를 제안했다.

"'인생은행'을 제목으로 삼으면 어떨까요? 이 책은 우리가 평생의 시간을 가치 있게 투자해서 자신은 물론 다른 이들에게도 유익한 삶을 꾸려가는 방법에 관한 책이잖아요. 그리고 레오나르도와 바바라가 건강과 사랑, 의미를 탐구하는 과정에 관한 책이기도 하고요. 그 여정에서 우리 모두가 영감을 받을 수 있을 거에요."

소피아는 잠시 즉흥적인 독백을 멈추었다가 다시 이어갔다.

"하지만 《인생은행》이란 제목은 다소 어색하고 딱딱하게 들릴 수도 있겠어요. 사람들이 '은행'이란 단어에서 무얼 연상할지 알 수 없으니까요. 은행업 자체가 그리 평판이 좋은 것도 아니고요."

에드워드가 바지 주머니에서 양손을 빼더니 그녀의 말을 수긍하는 듯한 제스처를 취했다.

"소피아, 이건 특별한 프로젝트에요. 출판계에서 통용되는 일반적인 규칙을 적용할 수는 없겠죠. 이 문제는 나중에 이야기하기로 합시다. 다만 제가 확실하게 말씀드릴 수 있는 건, 이 부분을 포함해 다른 모든 것을 함께 조율할 수 있다는 거예요."

소피아의 표정이 한결 누그러졌다. 그녀의 초록빛 눈도 다시 반짝이기 시작했다.

"혹시 제가 레오나르도의 편지를 편집하거나 글을 쓰다 막히면, 그때 당신께 도움을 구할 수도 있을까요?"

"당연하죠!" 에드워드가 웃음으로 화답했다. "당신을 도울 수 있는 일이라면 무엇이든 기꺼이 하겠습니다."

그가 모니터로 눈을 돌렸다.

"저는 아직도 《소피아와 함께한 삶》이 좋아요. 굉장한 이야기처럼 들리거든요." 에드워드는 여전히 자기 아이디어에 만족감을 표하며 말했다.

"그럼 저도 좋아하시게 될걸요?" 무심코 농담을 했다가 소피아는 화들짝 놀라고 말았다.

재치 있는 말솜씨는 그녀가 여러 해에 걸쳐 갈고닦은 그녀만의 장점이었다. 하지만 때로는 선을 넘을까 봐 걱정될 때도 있었다. 다행히도 에드워드가 웃었다.

"걱정 마요, 소피아. 나는 당신의 유머가 마음에 들고 우리가 함께 일하게 돼서 기뻐요. 그리고 마지막 제안도 검토해 볼게요!" 이제 둘은 함께 웃었고 에드워드가 말을 보탰다. "제가 당신과 상의해야 할 것이 두 개 더 있습니다."

소피아가 오른손 검지를 치켜들었다. "딱 좋네요. 나도 질문이 하나 더 있거든요."

"먼저 하시죠."

소피아가 망설였다. 너무 앞서가고 싶진 않았지만 그래도 일단 지갑을 열어 레오나르도가 두 달 전 자신에게 보낸 열쇠를 꺼냈다.

"혹시 이게 무슨 열쇠인지 아세요?"

그녀가 물었다. 에드워드가 웃는 모습을 보니 알고 있다는 신호 같았다. "내가 당신과 상의하려던 두 가지 중 하나가 그 열쇠에 관한 거였어요."

그는 잠시 봉투를 뒤적여 종이 한 장을 꺼내 그녀에게 건넸다.

"올해 초에 레오나르도는 당신을 위해 이곳 런던에서 공증인과의 약속을 잡아두었어요. 여기 사무실 주소와 이름, 그리고 예약의 상세 내역이 있습니다. 열쇠는 아마도 산타바바라에 있는 레오나르도의 집 열쇠일 것예요. 내가 알기로 그는 그곳에 작가 레지던스를 만들고 싶어 했지요. 하지만 그 계획에 당신이 얼마나 연관돼 있는지는 정확히 모르겠어요."

소피아는 말을 잃었다. 지금 다시 영화 속 주인공이 된 기분이었다.

그녀는 손에 든 종이를 물끄러미 바라보았다.

"그리고 아직 놀랄 일이 하나 더 남았습니다. 저는 잠시 사무실에 다녀올게요. 그 물건이 아직 거기 있거든요." 에드워드가 싱긋 웃었다. "크리스마스이브는 며칠 더 기다려야 하지만요."

소피아는 방안을 가로질러 창가로 다가가서 다음에 일어날 일을 짐작하려 애썼다. 그녀는 크리스마스 불빛으로 장식된 런던의 명소를 따라 눈 속을 걸어가는 사람들을 보았다. 그녀는 런던을, 최신식 고층 빌딩과 유구한 역사를 간직한 건물이 나란히 서 있는 이 공간을 언제나 사랑했다. 오랫동안 이 도시에서 평생을 보내리라 믿었었다. 어쩌면 언젠가 여기로 다시 돌아올 수도 있었다. 그녀는 어깨를 으쓱했다. 이 순간 그건 중요한 일이 아니었다.

잠시 뒤 소피아는 삐거덕거리는 문소리를 들었다. 그녀는 몸을 돌려 에드워드가 손에 봉투를 들고 다가오는 모습을 보았다. 그녀는 숨을 깊이 들이마시고 고급스러운 마호가니 책상 앞에 앉았다. 조심스레 밀봉을 뜯은 봉투 안에서 나온 물건을 그녀는 재깍 알아보았다. 그건 레오나르도가 보낸 사진 속에 있던 오래된 시계였다. 그녀는 매우 신중하게 시계를 손에 들고 몸판 뒷면에 새겨진 글씨를 읽었다. 그녀가 익히 아는 바로 그 문장이었다.

"잃어버린 시간은 결코 되찾을 수 없다."

   소피아는 생각에 잠긴 채 자리에서 일어나 로열 블루 카펫을 밟고 홀을 가로질러 커다란 창문 쪽으로 걸어갔다. 몽유병 환자와도 같은 무의식적인 걸음걸이였다. 눈은 계속 내리는데도 런던 아이는 꿋꿋이 돌아가고 있었다. 그 모습을 보고 있자니 원형적 사고를 선호하는 불교인들이 확실히 뭔가를 깨닫고 있는 건지도 모른다는 생각이 들었다. 연말이었고, 크리스마스가 코앞으로 다가와 있었다. 소피아는 지금 이 순간 자신이 원하던 바로 그곳에 와 있음을 알았다. 그녀는 현재를 즐겼고 다가올 미래에 마음이 열려 있었다. 매달려서 파헤치고 싶은 크고 작은 질문이 허다했다. 할 일과 매듭지어야 할 일이 차고 넘쳤다. 그런데도 그녀는 마음이 설 다. 어쩌면 그녀는 런던을 떠나기 전에 그리니치 천문대를 방문해야 할지도 몰랐다. 지하철을 타고 30분 남짓이면 갈 수 있었다. 레오나르도는 그곳에 가 봤을까?

   소피아는 에드워드가 자신을 바라보는 것을 깨닫고 몸을 돌렸다. 그들의 시선이 방 한가운데서 마주쳤다. 그녀는 이 책을 완성하고 출판하는 책임이 혼자가 아니라 둘의 몫이라고 생각하니 한결 마음이 놓였다. 물론 이 책을 위해 뭐든 할 생각이었으나, 그래도 이 일을 함께할 수 있는 믿을 만한 파트너가 생겼다는 사실을 알게 되어 기뻤다. 에드워드가 따스한 눈빛으로 그녀를 바라보았다. 그 순간 소피아는 자신이 방금 예상치 못한 작은 지혜를 발견한 것은 아닐까 하고 생각했다. 이것이 마지막 장의 시작이 아니라, 수많은 새로운 시작의 시작이라는 생각이 들었다. 그녀에겐 앞으로 발견하고 걸어가게 될 수많은 원이 남아있었고, 그녀는 진심으로 그것을 받아들일 준비가 되어 있었다.

감사의 말

이 책의 바탕이 된 생각들은 오랫동안 내 가슴과 머릿속에 들어 있었다. 그렇지만 생각을 창작물로 만들어 내기 위해서는 많은 사람의 도움이 필요하다. 이 책이 만들어지는 과정에서 직접적으로나 간접적으로 역할을 맡아 준 한분한분께 감사의 말을 전한다. 내 인생의 여러 단계에서, 그리고 내가 책을 쓰는 동안 나의 가족으로, 친구와 멘토로, 지지자로 함께하고 영감을 준 분들께도 감사하다. 《인생의 지혜》를 쓰는 동안 나는 이 이야기의 주인공 소피아처럼 내게도 특별한 일이 일어날 수 있을지를 궁금해하곤 했다. 그런 점에서 스콜피오 출판사 대표 크리스티안 슈트라서와, 그와 나 사이에 다리를 놓아 준 펠릭스 베겔러에게 진심으로 감사하다. 개인적으로는 그때가 '소피아 모멘트'라고 생각한다. 이 책을 편집해 준 울라 란 후버에게도 감사하다. 우리가 함께하는 여정이 앞으로 어디로 향하게 될지 기대하는 마음이 가득하다.

옮긴이 이지윤

한국외국어대학교 영어과를 졸업한 뒤, 독일 풀다 대학교 대학원에서 석사
학위를 받았다. 현재는 바른번역 소속 번역가로 활동 중이다. 옮긴 책으로는
《상식적으로 상식을 배우는 법》,《아비투스의 힘》,《확신은 어떻게 삶을 움직
이는가》 등이 있다.

인생의 지혜

초판 1쇄 2025년 6월 2일
저자 카차 크루케베르그
옮긴이 이지윤
편집 김대웅 **디자인** 배석현
ISBN 979-11-93324-52-3　03190

발행인 아이아키텍트 주식회사
출판브랜드 북플라자
주소 서울시 강남구 학동로 329 북플라자 타워
홈페이지 www.bookplaza.co.kr

오탈자 제보 등 기타 문의사항은 book.plaza@hanmail.net으로 보내주세요.
잘못된 책은 구입하신 서점에서 교환해 드립니다.